Nouvelle Internationale

UNE REVUE DE POLITIQUE ET DE THÉORIE MARXISTES

NUMÉRO 8   2005

COMITÉ DE RÉDACTION

DIRECTRICE
Mary-Alice Waters

DIRECTEUR DE RÉDACTION
Steve Clark

COLLABORATEUR À LA RÉDACTION
Jack Barnes

———

CONSULTANTS INTERNATIONAUX
Anita Östling
Ron Poulsen
Michel Prairie
Ólöf Andra Proppé
Samad Sharif
Jonathan Silberman
Mike Tucker

ÉDITION EN FRANÇAIS
Michel Prairie

RÉDACTION
Michel Dugré

Table des matières

Dans ce numéro   *3*

Notre politique commence avec le monde
Jack Barnes   *11*

L'agriculture, la science et les classes travailleuses
Steve Clark   *147*

Le capitalisme, le travail et la transformation de la nature : un échange

    Un critique de « gauche » de l'agriculture biologique
    Richard Levins   *191*

    Le progrès pour qui ?
    Steve Clark   *207*

    Deux derniers commentaires   *231*

Index   *237*

© 2005 New International

Tous droits réservés. All rights reserved.
Troisième tirage : 2019

ISSN 0827-0929
ISBN 978-0-87348-982-9
Imprimé aux États-Unis.
Manufactured in the United States of America.

Nouvelle Internationale est distribuée dans le monde par les éditions Pathfinder : www.pathfinderpress.com

Conception graphique de la couverture : Eva Braiman

Page de couverture. Photo du haut : centrale électrique au charbon de Didcot, en Angleterre. © Charles O'Rear/Corbis. Photo du bas : un agriculteur près de Bhena au Népal. © Macduff Everton/Corbis.
Dos. La Terre la nuit, image de Craig Mayhew et Robert Simmon de la NASA composée à partir de données du Programme satellite météorologique de la Défense.

DANS CE NUMÉRO

Jetez un coup d'oeil sur la terre la nuit au dos de la revue. Les amas scintillants, les taches pâles et les étendues obscures soulignent une réalité de classe brutale : la majorité de ceux et celles qui travaillent dans le monde — en grande partie en Asie, en Afrique et en Amérique latine — subsistent sans électricité ni sources modernes d'énergie, même pour cuisiner ou se chauffer.

Cette photo composite faite de centaines de photos satellite mesure crûment les énormes inégalités qui existent non seulement entre les pays impérialistes et semicoloniaux mais aussi entre les classes à l'intérieur de presque tous les pays, au niveau du développement social et culturel et des fondements nécessaires à tout progrès économique substantiel. Produites et accentuées chaque jour par le simple fonctionnement du capitalisme mondial, ces disparités vont s'accroître encore plus à mesure que la compétition pour les marchés s'intensifie entre les familles dirigeantes U.S. et leurs rivaux impérialistes d'Europe et du Pacifique.

L'électrification, souligne Jack Barnes dans l'article à la une de ce numéro, « est une condition préalable fondamentale du développement de l'industrie moderne et de la vie culturelle et les communistes luttent pour son extension à chacun — *chacun* — des six milliards d'habitants du monde. Cette lutte illustre bien comment la politique prolétarienne, notre politique, commence avec le monde. »

POUR PERMETTRE, note-t-il, aux travailleurs ayant une conscience de classe de construire un mouvement communiste mondial formé de partis prolétariens disciplinés, leur activité hebdomadaire doit être guidée par un programme et une stratégie visant à combler — et à empêcher de se rouvrir — ces énormes inégalités économiques et sociales. Notre travail « est de faire une révolution dans le pays où nous nous trouvons, où nous vivons et travaillons. » Pour y arriver, « il nous est avant tout nécessaire de comprendre, et de comprendre à fond, la politique et la lutte de classe à l'intérieur de ces frontières nationales.

« Mais, poursuit-il, nous ne pouvons agir ainsi qu'en partant du fait que ces particularités nationales et les changements qui s'y produisent résultent du fonctionnement du marché mondial. Nous devons reconnaître que nous faisons partie d'une classe internationale qui n'a elle-même pas de patrie — la classe ouvrière — et toujours agir comme si nous faisions partie d'une alliance internationale des travailleurs et des agriculteurs exploités et opprimés du monde entier.

« Ce n'est pas un slogan. Ce n'est pas un impératif moral. Ce n'est pas un acte de bonne volonté que nous proposons. C'est la reconnaissance de la *réalité de classe* de la vie économique, sociale et politique à l'époque impérialiste. » C'est une composante irremplaçable, dit

Jack Barnes, de l'activité des travailleurs révolutionnaires politiquement organisés — « la seule force sur terre capable de mener des luttes révolutionnaires à la victoire en suivant la ligne de marche du prolétariat vers le pouvoir politique. »

« Notre politique commence avec le monde » a été présenté par Jack Barnes, le secrétaire national du Parti socialiste des travailleurs (SWP) aux États-Unis, pour ouvrir les débats lors d'une conférence socialiste internationale tenue du 14 au 17 juin 2001 à Oberlin en Ohio. Parmi les près de 400 participants se trouvaient des membres, des partisans et des amis du Parti socialiste des travailleurs aux États-Unis ; des Ligues communistes en Australie, au Canada, en Islande, en Nouvelle-Zélande, au Royaume-Uni et en Suède ; ainsi que des dizaines de Jeunes socialistes et d'autres travailleurs, agriculteurs et jeunes d'Amérique du Nord et d'ailleurs dans le monde. L'année suivante, les délégués au congrès national de 2002 du SWP ont débattu et adopté une version rédigée pour fin de publication de « Notre politique commence avec le monde. »

« Le long hiver chaud du capitalisme a commencé, » le rapport politique et la conclusion de Jack Barnes adoptés par le même congrès, et « Leur transformation et la nôtre, » le projet de thèses du Comité national du SWP préparé par Mary-Alice Waters, directrice de *Nouvelle Internationale*, sont les principaux articles contenus dans le septième numéro de *Nouvelle Internationale*. Les numéros 7 et 8 de la revue vont de pair et se complètent. « Le long hiver chaud du capitalisme a commencé » prend aussi le monde comme point de départ. Cet article se concentre sur les contradictions accélérées — économiques, sociales, politiques et militaires — qui ont conduit l'ordre impérialiste international aux phases initiales d'une crise financière et d'une dépression mondiales, ainsi qu'aux phases initiales d'une nouvelle militarisation et d'une série de guerres en expansion. Ce long hiver chaud dans lequel le capitalisme mondial est maintenant entré, note Barnes, en est un qui, « lentement mais sûrement et de manière explosive, […] va engendrer une résistance d'une ampleur et d'une intensité que n'ont encore jamais vues les militants qui ont une conscience révolutionnaire dans le monde d'aujourd'hui. »

Le contenu de ces deux numéros simultanés de *Nouvelle Internationale* constitue une contribution aux préparatifs politiques de cette résistance croissante des travailleurs et de leurs alliés, une résistance qui devient de plus en plus mondiale.

La richesse qui rend possible la civilisation et le progrès humains est, dans son entièreté, le produit de la transformation de la nature par le travail social, un travail qui simultanément se transforme lui-même.

« Le travail humain est un travail social, » souligne Jack Barnes dans la conclusion de la conférence socialiste de 2001 publiée ici. « Son produit n'est pas le résultat du travail d'un individu, ni même du travail additionné de nombreux individus. » Le produit du travail d'un agriculteur, d'une couturière, d'un boucher ou d'un mineur, « est déterminé par les relations de classe sous lesquelles ils travaillent. C'est le travail social qui lègue, génération après génération, la culture et les projets permettant de transformer la réalité matérielle de manières nouvelles et plus productives et de créer un monde meilleur. » Mais comme Marx nous l'a enseigné, ajoute-t-il, tant que le capitalisme continuera de régner, ces améliorations apportées aux forces de production tendront simultanément à augmenter l'intensification du travail et à produire des forces de destruction encore plus horribles.

Ces questions de politique et de théorie marxistes, sur lesquelles a porté la majeure partie des débats de la réunion socialiste internationale, ont été le sujet d'un des sept cours organisés pour les participants à la conférence. Ce cours a été présenté par Steve Clark, un membre du Comité national du SWP. Quelques semaines plus tard, Clark a utilisé cette présentation enrichie des discussions de la conférence comme point de départ pour préparer une série en quatre volets dans le *Militant*, un journal publié à New York dans l'intérêt des travailleurs à travers le monde. Il a rédigé cette série et l'a réunie en un seul article pour ce numéro de *Nouvelle Internationale*, sous le titre « L'agriculture, la science et les classes travailleuses. »

« Le capitalisme, le travail et la transformation de la nature, » un échange entre Richard Levins et Steve Clark, constitue la dernière rubrique de ce numéro. Suite à la publication des articles de Steve Clark dans le *Militant*, Richard Levins, un professeur de démographie et un chercheur à l'École de santé publique de l'université Harvard, a écrit une réponse. Levins est actif dans la Coalition du 26 juillet, une organisation de solidarité avec Cuba de la région de Boston, et il travaille avec l'Institut d'écologie et de méthodologie du ministère cubain de la Science, de la Technologie et de l'Environnement. Son article est publié ici pour la première fois. Il est suivi d'une réponse de Steve Clark et des derniers commentaires des deux auteurs.

Décembre 2004

NOTRE POLITIQUE COMMENCE
AVEC LE MONDE

« L'électrification est une condition fondamentale au développement de l'industrie moderne et de la vie culturelle, a souligné Lénine. Les communistes luttent pour son extension à chacun des six milliards d'habitants du monde. Cette lutte illustre très bien comment la politique prolétarienne, notre politique, commence avec le monde. »

EN HAUT. Russie, 1926. Des paysans étudient une carte illustrant l'électrification de Moscou. **EN BAS.** Cuba, 2003. Des étudiants de la province de Pinar del Río célèbrent l'installation d'un panneau solaire sur leur école. Le gouvernement révolutionnaire a mené à bien un effort visant à garantir aux écoles des régions éloignées l'accès à l'électricité et à des programmes vidéo éducatifs.

Corbis

Ecosol Solar

NOTRE POLITIQUE COMMENCE AVEC LE MONDE

Jack Barnes

EN DÉCEMBRE 1920, la troisième année de la république des travailleurs et des paysans en Russie, Vladimir I. Lénine a fait une déclaration qu'on a souvent répétée mais moins souvent comprise. S'adressant au congrès des soviets de Russie, il a dit : « Le communisme, c'est le pouvoir soviétique plus l'électrification du pays entier [1].

Depuis ce jour, toute organisation qui se dit communiste a dû venir aux prises avec cette affirmation. Quel rapport a-t-elle avec les tâches d'un gouvernement révolutionnaire luttant pour consolider le pouvoir des travailleurs et des agriculteurs ? Quel genre de clarté dans la pensée et dans l'action exige-t-elle d'un noyau prolétarien *bien avant les luttes révolutionnaires finales qui porteront les travailleurs et les agriculteurs au pouvoir* ? Qu'est-ce

---

Le texte qui suit s'appuie sur le discours d'ouverture et la présentation de clôture d'une conférence socialiste internationale tenue à Oberlin, en Ohio aux États-Unis, du 14 au 16 juin 2001. Jack Barnes est le secrétaire national du Parti socialiste des travailleurs (SWP).

LES NOTES COMMENCENT À LA PAGE SUIVANTE

qui vient à l'esprit des travailleurs lorsqu'ils entendent le nom du parti, un parti communiste ? Pour quoi se bat-il ? Où se dirige-t-il ?

La déclaration de Lénine commence non pas avec l'électrification mais avec *le pouvoir des soviets* : les conseils élus de travailleurs, de paysans et de soldats, dont les assemblées et les décisions constituaient le pouvoir prolétarien sur lequel s'appuyait le nouveau gouvernement révolutionnaire. Mais elle ne s'arrête pas là. À beaucoup de gens à l'époque, et plus encore huit décennies plus tard, « Le communisme, c'est le pouvoir soviétique plus l'électrification » a dû paraître une simplification excessive. « C'est Lénine, vous savez. Comme toujours, il force un peu la note. » Mais comme toujours, Lénine partait d'une perspective mondiale — de la place concrète des travailleurs et des paysans de Russie telle que déterminée par le fonctionnement du système impérialiste mondial, par ses lois de développement. Pas l'inverse. Pas du monde vu de Moscou ou de Petrograd. Pas de la Russie « casée » d'une manière ou d'une autre dans le monde.

Et comme toujours, Lénine partait aussi du besoin concret de renforcer l'alliance des travailleurs et des paysans, les deux classes qui portaient sur leurs épaules unies la dictature du prolétariat. Le sort du pouvoir soviétique était maintenant indissolublement lié au progrès de la lutte pour la libération nationale et le socialisme à travers le monde. Quels pas concrets fallait-il prendre pour réduire l'écart politique entre ces deux classes exploitées, à la ville et à la campagne ? Pour réduire l'écart entre leurs conditions de vie, leurs possibilités d'accès à

---

1. V. I. Lénine, « Le VIIIe congrès des soviets de Russie, » *Oeuvres complètes* (par la suite LOC), Paris, éditions Sociales ; et Moscou, éditions du Progrès, 1976, tome 31, p. 537.

l'éducation et à la culture, leur expérience politique ? Comment pouvait-on réduire l'écart entre leur confiance en soi, leur conscience de classe prolétarienne et leur clarté politique respectives ? Les différences entre leur capacité de comprendre politiquement et de se sacrifier pour faire avancer la dictature prolétarienne en Russie et l'extension du pouvoir soviétique à travers le monde ?

ĹÉNINE ACCORDAIT BEAUCOUP d'importance à l'utilisation compétente et disciplinée des technologies héritées du capitalisme, comme du savoir-faire des scientifiques et des ingénieurs prêts à mettre leurs connaissances et leur formation au service de la république soviétique. Mais ce que Lénine soulevait n'était pas d'abord et avant tout un défi technique. Ce n'était pas non plus essentiellement une question militaire, même si la force de l'alliance des travailleurs et des paysans venait tout juste d'être soumise à l'épreuve du feu par les conséquences humaines et matérielles dévastatrices de la guerre civile, livrée par les capitalistes et les propriétaires fonciers de Russie avec le soutien d'une invasion alliée de 14 puissances impérialistes dont les États-Unis. À la fin de 1920, quand Lénine a présenté le plan d'électrification, les travailleurs et les paysans de la Russie soviétique — et les paysans constituaient plus de 80 pour cent des rangs de l'armée rouge — avaient vaincu les forces contre-révolutionnaires.

La direction communiste de la révolution, a dit Lénine, avait maintenant la tâche de diriger ces deux classes de sorte que des dizaines de millions de personnes, autant à la ville qu'à la campagne, puissent voir converger leurs conditions de vie. En suivant cette voie, on créerait les conditions pour que la classe ouvrière devienne un pourcentage de plus en plus grand des masses laborieuses urbaines et rurales et pour que les travailleurs et les paysans convergent de plus en plus au niveau de leurs objectifs politiques — pour qu'ils voient de plus en plus d'un même point de vue prolétarien le monde et leurs liens avec les luttes des travailleurs et des paysans des autres pays[2].

SEULE LA DIMINUTION de cet écart permettrait à la classe ouvrière d'apprendre à s'organiser pour aller au-delà du contrôle ouvrier de l'industrie vers la gestion de la production. C'est seulement dans la mesure où ces divisions s'amenuiseraient que les paysans pourraient voir, au-delà des garanties qu'ils avaient obtenues de pouvoir utiliser la terre qu'ils labouraient et d'avoir accès à du crédit à bon marché, comment avancer vers une perspective plus large d'industrialisation de tout le pays qui comblerait progressivement le fossé entre la vie urbaine et la vie rurale. On verrait donc croître la taille — en termes absolus et relativement à la paysannerie — et la confiance politique du prolétariat. L'alliance de la classe ouvrière avec la paysannerie, et donc sa domination de classe, se renforcerait et se stabiliserait. Avec une confiance accrue, la puissance de son exemple augmenterait. Avec une confiance accrue, son offre d'aide aux travailleurs et aux agriculteurs du monde entier serait mise de l'avant et acceptée plus souvent et elle serait mise en oeuvre avec plus de succès.

Il fallait répandre largement à la campagne l'utilisation d'équipements et de machines qui fonctionnent

---

2. En 1917, la population de la jeune république soviétique s'élevait à 140 millions d'habitants. À peu près 80 pour cent était des paysans et 10 pour cent faisaient partie de la classe ouvrière, dont 2 millions étaient des travailleurs d'usine.

à l'électricité et par combustion interne. Lénine a dit :
« [N]ous devons montrer à la paysannerie qu'à la place de l'ancienne division de l'industrie et de l'agriculture, cette contradiction très profonde qui nourrissait le capitalisme et semait la discorde entre les travailleurs de l'industrie et ceux de l'agriculture, nous nous fixons pour tâche de restituer à la paysannerie ce qu'elle nous a prêté [pendant la guerre civile] sous forme de blé [...].

« Nous devons rembourser cet emprunt, a souligné Lénine, en organisant l'industrie qui fournira ses produits aux paysans. Nous devons leur montrer que l'organisation de l'industrie sur la base supérieure moderne, sur la base de l'électrification qui liera villes et campagnes, mettra fin à la discorde entre la ville et la campagne, permettra d'élever le niveau culturel des campagnes, de vaincre même dans les coins les plus reculés le retard, l'ignorance, la misère, les maladies et la barbarie [3]. »

Lénine a fait remarquer que sans un tel cours, les conditions qui existaient dans la jeune république des travailleurs et des paysans, surtout à la campagne, créeraient et recréeraient sans cesse des couches de producteurs indépendants produisant pour le marché, qui feraient face à des crises périodiques et deviendraient de plus en plus différenciées économiquement. Facilement convaincues d'être trahies par le prolétariat, ces couches se tourneraient à nouveau vers la direction de la bourgeoisie. Ceci était devenu le plus grand danger contre-révolutionnaire menaçant la classe ouvrière [4].

---

3. Lénine, « Rapport d'activité du Comité exécutif central de Russie, » *LOC*, tome 30, p. 346.

4. Lénine, « Le VIIIe congrès des soviets de Russie, » *LOC*, tome 31, p. 537.

Au niveau politique, la paysannerie suit toujours l'une des deux principales classes urbaines, soit les capitalistes soit la classe ouvrière. Toute l'histoire de la lutte des classes moderne prouve ce fait. Le maintien du pouvoir soviétique dépendait donc de ce qui pourrait paraître à première vue comme une question technique, un projet d'ingénierie à grande échelle. Mais comme le soulignait Lénine, il fallait comprendre et organiser l'électrification du pays à partir de ce que celle-ci était dans l'histoire : une question profondément *politique*, dont la réponse déterminerait dans la vie si l'alliance des travailleurs et des paysans réussirait ou échouerait. Comprendre cette tâche et aider à sa réalisation constituait non seulement un défi pour les travailleurs de Russie et leur avant-garde bolchevique. C'était une responsabilité des communistes, des travailleurs ayant une conscience de classe et des agriculteurs à l'esprit révolutionnaire à travers le monde.

Le Parti communiste, a déclaré Lénine dans son rapport au congrès des soviets en décembre 1920, possède un programme politique : « c'est la liste de nos tâches, c'est l'explication des rapports entre les classes » dans la jeune république soviétique. Mais ce programme du parti « ne peut pas rester uniquement un programme du parti. Il doit devenir le programme de notre édification économique, sinon il est inutilisable aussi comme programme du parti. Il doit se compléter d'un second programme du parti, du plan des travaux destinés à recréer l'ensemble de l'économie nationale et la porter au niveau de la technique moderne. Sans le plan d'électrification, nous ne pouvons passer à l'édification véritable […].

« [C]ertes, a souligné Lénine, ce sera un plan établi à titre de première approximation. Ce programme du parti ne sera pas aussi immuable que l'est notre vrai programme, qui ne peut être modifié que dans les congrès du parti. Non, ce programme ira s'améliorant chaque jour [...] il sera approfondi, perfectionné et modifié [5]. » Ce sera la tâche des travailleurs et des paysans dans chaque atelier et dans chaque région rurale.

Au congrès Lénine a raconté une anecdote concernant la visite d'un des premiers villages électrifiés de Russie. Un paysan s'est avancé pour prendre la parole, saluant la « lumière pas naturelle » que le nouveau gouvernement dirigé par les bolcheviks avait rendue possible. Il fallait s'attendre à ce que les producteurs ruraux considèrent au début l'électricité comme étant « pas naturelle. » Mais ce que les *révolutionnaires* qui ont une conscience de classe considèrent comme pas naturel, a ajouté Lénine, « c'est que pendant des centaines d'années, les paysans et les travailleurs aient pu vivre dans cette obscurité, dans la misère, asservis aux propriétaires fonciers et aux capitalistes [6]. »

Tout ce qui constitue un progrès pour la condition humaine n'est « pas naturel » dans ce sens matérialiste — non seulement l'électricité, mais l'agriculture, l'élevage, l'artisanat et les produits industriels de tout genre. Aucun n'est approprié directement de la nature par des individus. Tous sont le résultat final du travail d'êtres humains oeuvrant ensemble dans un réseau de relations sociales. Chaque aspect de ce qu'on appelle la civilisation et la culture est le produit de la transformation de la nature par un travail social. (Et nous

---

5. Lénine, ibid. p. 536.

6. Lénine, « Le VIIIe congrès des soviets de Russie, » *LOC*, vol. 31, p. 538.

oublions à nos risques et périls que nous sommes en même temps une *partie* de la nature, une *partie* de ce qui est transformé.)

Ce qui n'est pas naturel, c'est le retard imposé à ce développement humain potentiel par des relations sociales d'exploitation, des relations sociales maintenues par la force de l'habitude et renforcées par la terreur organisée des classes possédantes. Avec la conquête du pouvoir par les travailleurs et les paysans, *leur* gouvernement pouvait enfin entreprendre ce qui était techniquement possible depuis plusieurs décennies — c'est-à-dire permettre aux classes travailleuses de la ville et de la campagne d'avoir de la lumière électrique après le coucher du soleil. D'avoir le choix de prolonger l'utilisation de la journée. De pouvoir décider si on ajourne une réunion parce qu'il commence à faire nuit. D'avoir la possibilité d'étudier et de travailler avec confort après le coucher du soleil. De permettre aux enfants de faire leurs devoirs ou de se faire la lecture pendant la soirée. De simplement pouvoir pomper de l'eau dans chaque village, épargnant à chaque famille et surtout aux femmes et aux filles des heures incalculables de travail éreintant.

Le cours des bolcheviks visait à accomplir quelque chose de plus large que le développement économique et social de la Russie soviétique. Lors du troisième congrès mondial de l'Internationale communiste, le parti révolutionnaire international fondé en 1919 à l'initiative des bolcheviks, Lénine a soumis à la discussion, au débat et au vote ces perspectives de renforcer la base ouvrière et paysanne du pouvoir soviétique [7].

---

7. Voir « La base matérielle du socialisme et le plan d'électrification de la Russie » dans « Thèse du rapport sur la tactique du

Sans de nouvelles victoires prolétariennes dans d'autres pays, la révolution socialiste en Russie serait cernée et défaite par les puissances impérialistes. Il fallait qu'une alliance mondiale grandissante des travailleurs et des paysans dirigée par le mouvement ouvrier communiste se batte pour cette perspective révolutionnaire.

Combler les fossés qui séparent les travailleurs dans le monde

Les bolcheviks comprenaient qu'un tel objectif — travailleurs de tous les pays, unissez-vous ! — n'était possible que si les conditions des travailleurs convergeaient à l'échelle internationale. Que si ce fossé *culturel* se réduisait. Que si de plus en plus de travailleurs à travers le monde prenaient une part active à la vie sociale et politique et pouvaient ainsi reconnaître comme leurs frères et soeurs les travailleurs engagés ailleurs dans une même activité sociale — et non pas simplement les voir comme « les autres. » Comprendre cette réalité puis agir à partir d'elle, c'est le point de départ d'un citoyen du monde.

L'effort pour électrifier l'ensemble du pays, a dit Lénine lors du débat au congrès de 1920, irait de pair avec l'effort pour « liquider l'analphabétisme [mais] ce n'est pas assez. […] En dehors des rudiments, il faut que les travailleurs soient cultivés, conscients, instruits ; il faut que la majorité des paysans se représentent exactement la mission qui nous incombe [8]. »

PCR » rédigé par Lénine, ainsi que son « Rapport sur la tactique du Parti communiste de Russie » dans LOC, tome 32, p. 489. Le dernier article a été republié dans *Nouvelle Internationale* n° 7 (2005).

8. Lénine, « Le VIIIe congrès des soviets de Russie, » *LOC*, tome 31, p. 539.

À l'aube du vingt et unième siècle, ces questions et d'autres comme elles restent au centre de la construction de partis prolétariens et du mouvement communiste mondial. Elles restent essentielles pour rendre possible aux travailleurs une collaboration politique concrète et une activité conjointe dans la bataille pour le socialisme et la libération nationale. Cette perspective progresse avec l'expansion de la taille et du poids social de la classe ouvrière à travers l'Asie, l'Amérique latine et des régions croissantes de l'Afrique, de même qu'avec chaque pas franchi pour améliorer les conditions économiques et sociales des masses laborieuses des villes et des campagnes — électrification, alphabétisation, hygiène publique, eau potable et accès à la médecine moderne.

Notre politique — la politique prolétarienne — commence avec le monde. Il ne s'agit pas simplement d'une observation correcte. Ni d'un thème bien envoyé pour une conférence socialiste. Pour toutes les raisons que nous avons discutées, il s'agit d'une nécessité politique, du seul point d'où *peut* partir la classe ouvrière sans finir dans un marais. Dans *aucun* pays sommes-nous *plus* forts que notre propre classe dirigeante, encore moins que les forces parfois combinées de plusieurs puissances impérialistes qui défendent leur domination mondiale. Aucune révolution prolétarienne n'a triomphé ni survécu sans une solidarité ouvrière internationale assez forte pour changer le cours de l'histoire.

C'est avant tout l'internationalisme *prolétarien* de la politique communiste qui nous distingue de toutes les forces politiques bourgeoises et petites-bourgeoises. La rivalité qui s'intensifie entre les dirigeants impérialistes les pousse à rechercher aux quatre coins de la planète des marchés pour leurs produits et leurs capitaux ainsi que des sources de main-d'oeuvre et de matières premières à bon marché. Face aux soulèvements des travailleurs et des paysans et face aux conflits qui les opposent les uns aux autres, ils forgent des alliances internationales et négocient des traités pour renforcer leurs positions respectives — économiquement, politiquement et militairement. Mais le monde n'est pas ce avec quoi ils commencent. La politique capitaliste commence avec *leurs* frontières, *leur* devise, *leurs* forces armées, *leur* État — avec le nationalisme et le patriotisme bourgeois en défense de leurs profits, de leurs prérogatives et de leur pouvoir de classe.

Révolution, culture et égalité

Tout comme Lénine en 1920, lorsqu'ils parlent de culture aujourd'hui, les communistes ne parlent pas seulement de musique et d'art, bien que ces derniers fassent partie de la culture humaine. Et l'utilisation de ce mot n'a rien en commun non plus avec le jargon stalinien (y compris ses variantes maoïstes) sur les « révolutions culturelles. » Ces dernières se sont toujours terminées — après la répression à grande échelle, si ce n'est le massacre, de couches de travailleurs et d'« intellectuels » « récalcitrants et arriérés » — par la destruction brutale et gratuite de conquêtes et de libertés culturelles dont la classe ouvrière aujourd'hui est la gardienne, la protectrice et la championne. La « révolution culturelle » sous Mao Zedong en Chine, les escadrons d'extermination de Pol Pot au Cambodge et le cours du Sentier lumineux au Pérou font partie des horreurs des quatre dernières décennies qui viennent à l'esprit. Elles ont toutes suivi la voie tracée par Staline. L'interdiction de la génétique en Union soviétique en 1948 n'en est qu'un exemple bien connu [9].

---

9. Après la collectivisation forcée de la paysannerie par le régime stalinien à la fin des années 20 et au début des années 30, les

Au niveau le plus fondamental, la *culture* est ce qui nous distingue de nos ancêtres bipèdes les plus immédiats dans l'évolution de la vie des primates, qui couvre des millions d'années. Ce qui distingue les êtres humains des créatures qui ont existé avant nous n'est pas l'utilisation d'outils ou la fabrication d'outils en tant que tel, ni même l'amélioration des outils. Les deux sont apparus des centaines de millénaires avant les êtres humains. Ce qui distingue avant tout les êtres humains, c'est l'organisation et la planification sociales conscientes visant à faire passer la connaissance de ces améliorations — leurs « plans » — aux générations suivantes pour que celles-ci puissent bâtir en s'appuyant sur ces améliorations.

Seuls les êtres humains font ça. C'est l'attribut *unique* du travail humain dans l'évolution de notre espèce et dans l'origine et le développement de la culture. C'est la condition préalable à toute transformation sociale progressive de la nature à un rythme plus rapide que l'évolution pourrait jamais permettre. C'est la condition

---

effets combinés de la répression des producteurs ruraux et de leur résistance à celle-ci ont conduit à une chute dévastatrice de la production de céréales. Espérant renverser les conséquences désastreuses de ce cours, le régime s'est lancé dans les méthodes de charlatan d'hybridation des plantes de Trofim Lyssenko, y compris son opposition à la génétique. Du milieu des années 30 jusqu'à l'interdiction complète en 1948 de la recherche génétique et de son enseignement, quelque 80 biologistes, spécialistes agricoles et autres personnes qui ont résisté au charlatanisme de Lyssenko ont été arrêtés, emprisonnés, exécutés ou sont morts dans des camps de concentration. Au moins 300 autres ont été chassés de leurs emplois d'enseignants ou de chercheurs et plusieurs laboratoires et instituts scientifiques ont été fermés ou « réorganisés ».

préalable, dans les mots du *Manifeste du parti communiste*, pour le « bouleversement constant de la production » enracinée dans la naissance du capitalisme et dans sa propagation « autour du globe entier [10]. »

Le développement de la culture est retardé, déformé et corrompu au sein de la société de classe. L'accès complet aux bienfaits de la civilisation est monopolisé par les couches dirigeantes. Ce monopole est utilisé comme un outil pour renforcer l'oppression et l'exploitation de la majorité laborieuse, de ceux et celles dont le travail social seul rend possible le progrès de la culture. Le triomphe de luttes ouvrières révolutionnaires qui visent à renverser la domination capitaliste et le système impérialiste lance la bataille pour élever le niveau culturel des travailleurs à l'échelle mondiale. Les victoires révolutionnaires nous ouvrent la voie pour nous transformer à mesure que nous transformons nos conditions sociales. Et pour nous immuniser davantage contre la démagogie de la classe dominante visant à rationaliser l'oppression et des horreurs de toutes sortes.

AU COURS D'UNE PRÉSENTATION faite à une conférence de clubs ouvriers soviétiques en 1924, le dirigeant bolchevique Léon Trotsky a fait remarquer que pour un paysan, la culture peut commencer par « des méthodes de pulvérisation aérienne de produits chimiques visant à détruire les sauterelles. » Pour les femmes, a-t-il ajouté, elle peut commencer par des « cafétérias et des garderies publiques [qui] stimulent la conscience révolutionnaire des ménagères. » En général, a noté Trotsky, la culture exige

---

10. Karl Marx et Friedrich Engels, *Le Manifeste communiste*, New York, Pathfinder, 2009, p. 35 [tirage de 2011].

davantage qu'un haut niveau de développement scientifique, technologique et industriel qui « libère l'humanité d'une dépendance dégradante vis-à-vis de la nature. » La libération de telles conditions ne peut être complétée que lorsque les relations sociales sont aussi « dénuées de mystère, » qu'elles sont « complètement transparentes et qu'elles n'oppriment pas les gens [11]. »

De telles relations sociales ne peuvent commencer à être créées qu'avec le renversement révolutionnaire de la domination capitaliste, l'établissement de gouvernements de travailleurs et d'agriculteurs, la consolidation de la dictature du prolétariat et les premiers pas dans la construction du socialisme ainsi rendus possibles. C'est pourquoi, comme l'a dit le dirigeant communiste Ernesto Che Guevara à des étudiants en médecine à Cuba en août 1960, « Pour être un médecin révolutionnaire, […] il doit d'abord y avoir une révolution [12]. »

Mais bien avant que le prolétariat ait remplacé le capitalisme mondial par le socialisme, *l'égalité politique* commence à se forger à l'intérieur du mouvement ouvrier révolutionnaire au cours de luttes communes et d'un travail de masse. Ce genre d'égalité ne se limite pas à des droits légaux enchâssés dans une constitution. C'est l'opposé de l'égalité juridique bourgeoise qui, même si elle représente

---

11. Leon Trotsky, « Leninism and the Workers' Clubs » [Le léninisme et les clubs de travailleurs] dans *Problems of Everyday Life* [Problèmes de la vie quotidienne], New York, Pathfinder, 1973.

12. Ernesto Che Guevara, « Para ser un médico revolucionario, primero hay que hacer revolución » [Pour être un médecin révolutionnaire, il faut d'abord faire la révolution] dans *Che Guevara habla a la juventud* [Che Guevara parle aux jeunes], New York, Pathfinder, 2000, p. 55 [tirage de 2007].

un progrès historique par rapport à l'arbitraire féodal, a été marquée dès ses origines par les déformations de la reproduction sociale des divisions de classe.

D<small>ANS UNE DÉMOCRATIE BOURGEOISE</small>, nous sommes tous égaux « devant la loi. » Lors de temps difficiles au début du siècle dernier, les agitateurs socialistes évoquaient souvent les paroles de l'écrivain français Anatole France : « La majestueuse égalité des lois interdit aux riches comme aux pauvres de coucher sous les ponts, de mendier dans la rue et de voler du pain. » Voilà l'égalité politique aujourd'hui. C'est une justification idéologique des relations sociales qui obligent les travailleurs, si nous voulons survivre, à vendre notre force de travail à un patron qui prend le produit de notre travail. C'est une justification du système capitaliste qui enrichit une petite poignée de familles possédantes avec la richesse produite par le labeur des travailleurs et des agriculteurs. C'est une justification du système impérialiste, avec ses tendances inévitables vers une compétition de plus en plus intense entre les capitaux ; le pillage impitoyable du monde semi-colonial ; la haine raciste, religieuse, nationale et anti-sémite ; la volatilité économique et la dépression ; la crise sociale ; le fascisme (correctement appelé « national-socialisme ») ; et la guerre mondiale. Cette égalité politique sert à justifier tous ces produits du capitalisme à l'aide d'un avis réactionnaire et savant sur l'« arriération » et la « stupidité » des producteurs, au pays et à l'étranger.

Lénine et les bolcheviks ont compris dans leur chair ces réalités de classe de la démocratie bourgeoise et ils se sont donnés comme tâche de diriger les travailleurs pour les remplacer à l'échelle mondiale.

La politique commence là où il y a des millions de personnes

Une lutte révolutionnaire victorieuse pour le pouvoir rend possible de commencer à faire de la politique à plus grande échelle et avec de plus grandes conséquences pour les travailleurs du monde. « La politique commence là où il y a des millions ; elle devient sérieuse là seulement où l'on compte par millions, et non par milliers [13], » a rappelé Lénine lors du congrès du parti de mars 1918.

Néstor López Cuba, un général de division des forces armées révolutionnaires de Cuba, raconte dans *Haciendo Historia* [Faire l'histoire] sa réaction initiale comme jeune combattant de l'armée rebelle en janvier 1959, lors de la victoire révolutionnaire contre la dictature de Fulgencio Batista que soutenaient les États-Unis. Il a rendu son fusil et se préparait à rentrer à la ferme de famille en disant à ses compagnons de combat : « Je m'en vais, la guerre est finie. » Mais son commandant l'a confronté : « Quoi ? Es-tu un lâcheur ? Comment peux-tu t'en aller quand les choses ne font que commencer ? » López Cuba et des centaines comme lui sont restés pour aider à diriger la révolution [14].

Voilà la question sur laquelle Lénine insistait dans son rapport du mois de mars 1918. Après avoir pris le pouvoir, la classe ouvrière fait face à des défis encore plus décisifs. La défense de la révolution s'organise, la conscience internationaliste prolétarienne d'un nombre croissant de travailleurs et d'agriculteurs se forge et la transformation

---

13. Lénine, « VIIe congrès du PC(B)R, » *LOC*, tome 27, p. 96.

14. Mary-Alice Waters (réd.), *Haciendo Historia: Entrevistas con cuatro generales de las Fuerzas Armadas Revolucionarias de Cuba* [Faire l'histoire : entrevues avec quatre généraux des forces armées révolutionnaires de Cuba], New York, Pathfinder, 2001, p. 26 [tirage de 2010].

des conditions de l'humanité au niveau mondiale commence. Ça, c'est la politique.

En outre, c'est la *forme finale* de la politique dans l'histoire humaine. Il n'y aura pas de politique une fois ces buts atteints. Il nous est difficile même de le concevoir aujourd'hui. Nous qui participons à cette conférence, nous concentrons tous nos efforts à construire les noyaux de partis de masse et d'un mouvement international de politiciens prolétariens professionnels — de soldats de la révolution. Tous nos efforts à être politiques.

En tant que travailleurs communistes, nous avons besoin de comprendre que ce que nous devons faire, les choses qui sont si décisives pour en finir avec ce que Marx et Engels ont appelé « la pourriture du vieux système » et les horreurs de la société de classe, implique d'utiliser les meilleurs et plus modernes instruments hérités de cette vieille société[15]. C'est de cette façon que la classe ouvrière héréditaire — une classe encore nouvelle et grandissante dans la vaste étendue de l'histoire humaine — peut s'organiser elle-même et organiser d'autres travailleurs pour faire des révolutions dans nos propres pays, renverser le système impérialiste et se joindre à la lutte mondiale pour le socialisme. C'est la seule façon d'ouvrir la voie vers un monde sans exploitation, sans classe, sans guerre — et sans la nécessité de la politique.

Dans quelques centaines d'années, les gens vont regarder en arrière et auront besoin qu'on leur explique tout ça. Ce qu'était la « politique ». Ce qu'était un « politicien ». Ce qu'étaient des « soldats ».

---

15. Karl Marx et Friedrich Engels, « L'idéologie allemande, » *Oeuvres choisies*, tome 1, Moscou, éditions du Progrès, 1978, p. 38.

Si nous pouvons commencer à comprendre l'importance centrale dans la politique prolétarienne de combler le fossé culturel entre les travailleurs de la ville et de la campagne, non seulement dans un pays donné mais dans le monde entier, nous pouvons alors comprendre l'inquiétude de l'ambassade U.S. à Cuba en 1959 lorsqu'elle a rapporté à Washington de quelle façon le commandant Ernesto Che Guevara utilisait la forteresse de La Cabaña à la Havane. La garnison conquise de l'ancienne dictature de Batista était utilisée pour l'entraînement militaire de l'armée rebelle. Il ne s'agissait pas du bizutage dégradant et brutal des nouvelles recrues qui est une procédure normale quand on fait ses classes dans les armées bourgeoises. Au contraire, en plus de la discipline et de l'habileté croissante à manier les armes, il y avait aussi l'organisation de cours d'alphabétisation pour les soldats et les commandants, ainsi que des lectures de poèmes, des expositions d'art, des pièces de théâtre, des concerts et des représentations de ballet. C'était la preuve, soutenaient avec raison les espions des États-Unis, des tendances communistes de la direction révolutionnaire cubaine.

NOUS POUVONS AUSSI mieux comprendre pourquoi en 1961 la CIA a ordonné aux bandits contre-révolutionnaires à Cuba de faire des jeunes volontaires des brigades d'alphabétisation la cible spéciale de leur terreur. Nous ne devons jamais oublier la priorité centrale que l'armée rebelle victorieuse et le gouvernement révolutionnaire de Cuba ont accordée à une campagne nationale d'alphabétisation dans les premières années après la victoire. Cet effort avait commencé pendant la guerre révolutionnaire même parmi les cadres de l'armée rebelle — une armée qui a fini par être composée dans sa grande majorité de paysans, dont beaucoup ne savaient ni lire ni écrire au moment de leur adhésion. Et en 1961, l'année de l'éducation, le nouveau gouvernement des travailleurs et des agriculteurs a fait de la campagne d'alphabétisation un centre galvanisant de la révolution. Des adolescents et des jeunes d'une vingtaine d'années, les fils et filles de travailleurs aussi bien que de la classe moyenne des villes, ont pris une année de congé de leurs propres classes ou emplois pour aller vivre à la campagne et se joindre à la bataille pour éliminer l'analphabétisme. C'était une bataille à travers le pays pour accélérer et rendre irréversible les possibilités ouvertes aux paysans et aux travailleurs pour rechercher, acquérir et utiliser des connaissances — afin de mieux faire avancer et défendre les gains qu'ils étaient en train de réaliser.

Ce que les jeunes soldats apprenaient à la forteresse de La Cabaña, ce que les jeunes à travers Cuba ont fait pendant la campagne d'alphabétisation — tout cela était né de la même conscience de classe et de la même solidarité prolétarienne révolutionnaire qui avaient permis aux travailleurs cubains de lutter ensemble et d'infliger une défaite en avril 1961 à l'invasion organisée par les États-Unis à Playa Girón (connue par les travailleurs aux États-Unis comme la baie des Cochons). C'est ce qui a permis aux travailleurs cubains d'arrêter la main de Washington lors de la « crise des missiles » d'octobre 1962. C'est la source de la conviction, de l'inspiration et du courage politiques qui ont conduit des centaines de milliers de Cubains à se porter volontaires pour des missions internationalistes — en Algérie, au Congo et en Angola ; en Argentine et en Bolivie ; à la Grenade, au Nicaragua, au Venezuela et ailleurs. C'est ce qui explique le caractère humain et principiel — le caractère prolétarien — de la direction communiste de Cuba, depuis ce jour jusqu'à aujourd'hui. Ce qu'ils ont entrepris, ils n'ont jamais cessé de le faire.

On ne peut comprendre clairement toutes les questions posées par les crises et la détérioration constante du capitalisme international, et y répondre en pratique, qu'en partant d'une perspective mondiale. Alors seulement pouvons-nous comprendre les alternatives prolétariennes et commencer à agir pour les faire avancer, au lieu d'avoir à choisir encore et encore le moindre de deux maux qui renforcent chacun les relations sociales d'exploitation et d'oppression actuelles.

Le travail d'un parti communiste est de faire une révolution dans le pays où nous nous trouvons, où nous vivons et où nous travaillons. Il est nécessaire pour nous de comprendre, et de comprendre à fond, la politique et la lutte de classe à l'intérieur de ces frontières nationales.

Mais nous ne pouvons le faire qu'en partant du fait que ces particularités nationales et les changements qui s'y produisent résultent du fonctionnement du marché mondial. Nous devons reconnaître que nous faisons partie d'une classe internationale qui n'a elle-même pas de patrie — la classe ouvrière — et toujours agir comme si nous faisions partie d'une alliance internationale des travailleurs et des agriculteurs exploités et opprimés du monde entier. Ce n'est pas un slogan, ce n'est pas un impératif moral. Ce n'est pas un acte de bonne volonté que nous proposons. C'est la reconnaissance de la réalité de classe de la vie économique, sociale et politique à l'époque impérialiste. C'est ce qui nous permet d'agir de manière efficace en tant que bolcheviks qui sont américains (même si c'est temporairement), non en tant que « bolcheviks américains. » Des garçons et des filles « bien intentionnés, » ainsi que Trotsky décrivait les jeunes partisans de Max Shachtman qui ont fait scission du parti prolétarien à la veille de la deuxième guerre mondiale, peuvent bien aspirer à devenir des « bolcheviks américains. » Mais il s'agit tout de même d'une forme de socialisme national.

L'électrification

Comme l'a souligné Lénine avec insistance, l'électrification est une condition fondamentale du développement de l'industrie moderne et de la vie culturelle, et les communistes luttent pour son extension à chacun — *chacun* — des six milliards d'habitants du monde. Cette lutte illustre bien comment la politique prolétarienne, notre politique, commence avec le monde.

À elle seule, cette perspective mondiale nous distingue des classes dominantes impérialistes. Elle nous distingue de larges secteurs de la petite bourgeoisie dans les pays impérialistes, à qui on a fait croire qu'*ils* ont droit à *leur* niveau de vie, qui repose sur l'énergie électrique illimitée, tout en craignant que son extension à des milliards d'« autres » personnes créerait « une ponction insupportable de ressources naturelles » — autrement dit, une menace à leurs conditions privilégiées. Et elle distingue le prolétariat des bourgeoisies nationales dans le monde semi-colonial, dont les efforts d'électrification sont conçus pour faire fonctionner ce dont elles ont besoin — leurs entreprises, commerces et infrastructures — non pas les écoles et les hôpitaux, le logement et le transport, l'eau et les systèmes sanitaires.

Steve Clark a recherché des chiffres sur l'électrification en préparant le cours qu'il présentera ici à la conférence. Plus de deux milliards de personnes — le tiers de la population mondiale — n'ont accès à aucune forme d'énergie moderne, que ce soit l'électricité ou une source moderne de combustible pour la cuisine ou le chauffage. Elles doivent se contenter de chandelles ou de lampes à huile pour l'éclairage, de bois, de fumier, de chaume ou de paille comme combustible. Sans source d'énergie pour les pompes, elles doivent transporter l'eau à la main ou avec des boeufs. Le chiffre de deux milliards vient de la Banque mondiale — une institution impérialiste majeure — et sous-estime probablement la réalité. Par exemple, la Banque mondiale signale elle-même que les bureaux statistiques de nombreux pays, dont l'Inde, « considèrent que tous les foyers d'un village ont l'électricité si le village dispose d'un lampadaire et d'une pompe à eau électrique » ! Dans de nombreuses régions du monde aujourd'hui, le jour où une pompe à eau électrique ou un lampadaire arrive au village est bien entendu à marquer d'une pierre blanche. Mais c'est une toute autre chose que de prétendre ensuite, comme le fait la bourgeoisie, que les habitants du village ont de ce fait l'électricité.

LES SEULS ENDROITS DU MONDE qui se rapprochent de l'électrification universelle, encore une fois d'après les chiffres de la Banque mondiale, sont les pays impérialistes de l'Amérique du Nord, de l'Europe de l'Ouest, de l'Asie et du Pacifique — c'est-à-dire, le Japon, la Nouvelle-Zélande et l'Australie — ainsi que les États ouvriers de l'Europe de l'Est, de l'Europe centrale, de l'ancienne Union soviétique (dont les républiques de l'Asie centrale) et Cuba.

L'écart dont nous avons discuté entre les conditions de vie des travailleurs de différentes régions du monde se reflète dans le fait que les pays impérialistes, qui regroupent 14 pour cent de la population mondiale, consomment près de 60 pour cent de l'électricité. Les États-Unis à eux seuls, où vit 5 pour cent de la population mondiale, consomment plus du quart de l'électricité.

L'Afrique subsaharienne, d'autre part, compte 9 pour cent de la population du monde mais consomme 1 pour cent de la production globale d'électricité. En Côte d'Ivoire, un des pays plus développés économiquement de l'Afrique occidentale, 13 pour cent de la population rurale a l'électricité. (Et n'oubliez pas qu'on ne parle ici que d'*accès* à l'électricité, pas si cet accès est fiable ou abordable, ce qui est une autre question.) Au Ghana, 4 pour cent de la population rurale a accès à l'électricité. En Afrique du Sud, le chiffre s'élève maintenant à plus de 27 pour cent de la population. Cette électrification a été réalisée en grande partie au cours des cinq dernières années, puisque l'ancien régime d'apartheid n'accordait une priorité à l'électricité que dans les régions peuplées de blancs.

En Asie, plus de 20 pour cent de la population rurale de la Thaïlande n'a toujours accès à aucune forme d'électricité ; au Pakistan, plus de 40 pour cent ; et au Népal, plus de 90 pour cent.

Et qu'en est-il de la situation en Amérique latine et dans les Caraïbes 40 ans après l'« Alliance du progrès » de l'administration de John F. Kennedy ? En Argentine, un des pays du monde semi-colonial les plus développés industriellement, 10 pour cent de la population vit sans électricité, avec un pourcentage plusieurs fois plus élevé pour les régions rurales où près de 2,5 millions de personnes n'ont aucune source moderne d'énergie. Au Brésil, lui aussi parmi les pays du tiers monde les plus industrialisés, près de 40 pour cent de la population rurale n'a toujours pas d'électricité et 10 pour cent de celle des régions urbaines. Les deux tiers des paysans et des travailleurs ruraux au Nicaragua n'ont pas d'électricité ; plus de 30 pour cent en Jamaïque ; et plus du quart en Équateur.

Que dire du Panama, un pays qui a « bénéficié » d'un siècle de « traités » accordant à l'impérialisme U.S. le contrôle d'un tronçon stratégique de son territoire et qui a « bénéficié » du dollar américain et de bases du Pentagone dans la zone du canal ? Qu'en est-il de ce territoire que Washington a envahie il y un peu plus de dix ans, tuant et mutilant des milliers de personnes avec ses bombes incendiaires et ses obus ? Plus de la moitié de la population rurale et plus du quart de la population urbaine au Panama n'a aucun accès à l'électricité.

Cuba se distingue. Avec 95 pour cent de la population qui a déjà accès à l'électricité, le gouvernement prend maintenant des mesures pour terminer le travail. Il a entrepris l'installation de panneaux solaires pour garantir que même dans les régions montagneuses de l'île les plus éloignées, il y ait de l'électricité pour les écoles et de la lumière pour que les gens puissent lire, discuter, regarder la télévision et organiser des activités culturelles la nuit tombée. Afin que les travailleurs de la ville et de la campagne puissent disposer d'un temps équivalent pour des activités sociales productives. Tout comme c'était le cas en Union soviétique à l'époque de Lénine, ils sont capables de le faire parce que le fondement de la révolution demeure l'alliance des travailleurs et des paysans.

Les chiffres mondiaux sur l'électrification sont un indicateur des vastes disparités dans le développement social et culturel qu'entraînent les relations sociales capitalistes aujourd'hui et de la tendance de ces disparités à augmenter. Les dirigeants impérialistes n'ont aucune intention de réduire leurs profits ou de faire grâce de dettes pour apporter l'électricité aux masses laborieuses du monde semi-colonial. Ils se fichent complètement de la destruction de la santé, de la sécurité ou de l'environnement naturel de ces pays. Les puissances capitalistes industriellement avancées cherchent de plus en plus à utiliser des régions de l'Afrique, de l'Asie et de l'Amérique latine comme dépotoirs de déchets dangereux de toutes sortes.

L<small>E CHARBON EST AUJOURD'HUI</small> la source d'énergie la plus utilisée au monde. Cela est particulièrement vrai en Asie où il fournit plus de 60 pour cent de la production énergétique et en Afrique où il en fournit 70 pour cent. (L'Amérique du Sud est une exception : l'hydroélectricité y est la principale source d'énergie et le charbon y est relativement peu utilisé. Le pétrole et le gaz naturel sont les principales sources d'énergie au Moyen-Orient.)

Comme la plupart d'entre nous le savons par l'expérience directe, l'énergie produite au charbon nuit considérablement à la santé publique et à l'environnement naturel. Aux États-Unis par exemple, où un peu plus de la moitié de l'électricité est produite par combustion de charbon, environ 15 000 décès prématurés sont attribués chaque année aux polluants qui en résultent. Les conséquences sont encore pires ailleurs dans le monde où les technologies coûteuses de combustion « propre » du charbon sont à la fois moins accessibles et moins utilisées. Les cheminées dotées de « dispositifs de lavage des gaz, » auxquelles résistent les exploitants de mines de charbon et les patrons des services publics U.S. dans leur course aux profits, peuvent réduire considérablement un bon nombre de sous-produits nuisibles, mais elles ne peuvent réduire le dioxyde de carbone et d'autres gaz qui affectent l'atmosphère terrestre. La combustion de charbon est responsable de plus de 70 pour cent des émissions de dioxyde de carbone provenant de la production mondiale d'électricité et de plus du tiers des émissions provenant de toutes les formes de production énergétique.

Dans *America's Road to Socialism* [La voie de l'Amérique au socialisme], Jim Cannon a souligné il y a une cinquantaine d'années un autre avantage à trouver des alternatives aux centrales électriques au charbon, que nous continuons à prendre au sérieux aujourd'hui. « Nous pouvons envisager un vaste système de centrales électriques alimentées à l'énergie atomique, a-t-il dit, qui enlèverait un fardeau des épaules d'un demi-million de mineurs de charbon [16]. » Ceci demeure notre objectif : libérer les mineurs du travail dans les mines. Il est certain que si la maximisation des profits n'était pas le principe qui guide la gestion des mines, il serait possible dès maintenant de réduire les risques associés aux explosions de méthane, aux effondrements de plafond, à la poussière de charbon et à d'autres dangers. Pourquoi exposer des travailleurs aux dangers inhérents à l'extraction souterraine si cela n'est pas socialement nécessaire ?

La terre contient encore beaucoup de charbon et celui-ci demeurera sans doute une source d'énergie pendant encore de nombreuses années. Mais le charbon n'est pas la solution pour satisfaire les besoins énergétiques à long terme de l'humanité. Tout comme ne le sont pas non plus dans un avenir prévisible l'énergie solaire, l'énergie éolienne ou d'autres sources d'énergie renouvelables. Ces sources d'énergie *peuvent* combler certains besoins, comme le montre le gouvernement cubain en ce moment. Mais la production et le déploiement de panneaux solaires et d'éoliennes à une échelle qui permettrait d'éclairer le monde de manière fiable et de faire fonctionner les usines exigeraient eux-mêmes

---

16. James P. Cannon, *America's Road to Socialism*, New York, Pathfinder, 1953, 1975, p. 93 [tirage de 2012].

d'énormes quantités d'énergie et de ressources naturelles et d'énormes superficies dans le cas de l'énergie éolienne. Pour ne rien dire des déchets industriels toxiques qu'elles produiraient.

À LA DIFFÉRENCE DES puissances industrialisées du monde impérialiste, les 79 pour cent de l'humanité qui vivent dans les pays semi-coloniaux ont peu ou pas accès à l'énergie nucléaire, qui produit la plus grande quantité d'énergie avec la moindre quantité de ressources et de pollution atmosphérique. En France par exemple, près de 80 pour cent de l'électricité provient maintenant de l'énergie nucléaire, alors qu'on s'approche du quart pour l'ensemble des pays impérialistes. Même si ce chiffre reste encore un peu en dessous de 20 pour cent aux États-Unis, les réacteurs d'ici (il y en a un peu plus d'une centaine) produisent la plus grande quantité absolue d'énergie nucléaire de tous les pays au monde. Par contre, ce chiffre n'est que de 2 pour cent en Asie du Sud et de 6 pour cent en Asie de l'Est. Il est de moins de 1 pour cent en Amérique latine et dans les Caraïbes et de pratiquement zéro au Moyen-Orient et en Afrique [17].

---

17. Selon l'Association nucléaire mondiale, il y avait en 2004 quelque 437 réacteurs nucléaires en opération dans le monde, 30 en construction et 32 qui avait été commandés ou en étaient à l'étape de la planification. La moitié de ceux qui sont en construction se trouvent dans des pays semi-coloniaux d'Asie, en grande partie en Inde (30 pour cent), en Chine (7 pour cent) et dans le sud de la Corée (3 pour cent). Un cinquième sont en Russie et un dixième ailleurs en Europe de l'Est ou en Europe centrale. Parmi les centrales commandées ou planifiées, 27 pour cent sont dans le sud de la Corée, 13 pour cent en Chine et 6 pour cent en

Depuis le milieu des années 70, le Parti socialiste des travailleurs s'est opposé à la production et à l'utilisation de l'énergie nucléaire aux États-Unis. Nous l'avons fait parce que les propriétaires de capital et leur gouvernement sont incapables, en raison des lois qui régissent leur système, de faire passer les êtres humains avant les profits pour résoudre les questions que soulève le fonctionnement des centrales nucléaires : la conception et le fonctionnement du coeur des réacteurs nucléaires pour en empêcher la fusion ; la fabrication et l'abondance d'enveloppes de confinement fiables ; et l'élimination des produits radioactifs et des autres déchets toxiques.

MAIS NOTRE POSITION est politique ; elle n'est pas basée sur la demi-vie d'un atome. Les marxistes partent de la capacité que les êtres humains ont démontrée au niveau historique de transformer la nature, d'élever la productivité du travail social et de rendre la civilisation et la culture plus accessibles à un nombre toujours croissant de travailleurs dans le monde.

C'est surtout là que se trouve l'erreur dans l'argument que Fred Halstead avance dans *What Working People*

Amérique latine (en Argentine et au Brésil). À part la Finlande, où une centrale nucléaire en est à l'étape de la planification, le Japon est le seul pays impérialiste à avoir des réacteurs qui sont commandés ou à l'étape de la planification (40 pour cent du total mondial). Aucune nouvelle centrale nucléaire n'a été commandée aux États-Unis depuis l'accident survenu au réacteur de Three Mile Island en Pennsylvanie en 1979. L'Europe de l'Ouest se retrouve essentiellement dans la même situation. Mais la part de l'énergie nucléaire dans la production électrique mondiale a plus que doublé, passant de 8 pour cent en 1979 à plus de 16 pour cent en 1987. Elle est cependant restée stable depuis.

Should Know about the Dangers of Nuclear Power [Ce que les travailleurs devraient savoir sur les dangers de l'énergie nucléaire], une brochure qui fait partie de notre arsenal propagandiste depuis plus de 20 ans [18]. De la toute première phrase de la brochure (« Le danger particulier de l'énergie nucléaire pour la santé, la sécurité et la vie elle-même peut se résumer en un mot : *radiation* ») jusqu'à la dernière (« Nous pouvons mettre fin à la menace que constitue l'énergie nucléaire pour l'existence même de la race humaine »), elle aborde les questions de sécurité posées par l'énergie nucléaire et les déchets radioactifs comme s'il s'agissait de faits immuables de la nature et non comme des questions sociales et politiques que les travailleurs peuvent affronter et résoudre. Elle ne commence pas avec la place qu'occupe le développement de l'énergie nucléaire — et les questions de sécurité, de santé et de dégradation de l'environnement qu'elle et d'autres sources d'énergie soulèvent — dans la ligne de marche des travailleurs et des agriculteurs vers la lutte révolutionnaire pour la libération nationale et le socialisme à l'échelle mondiale. La brochure est en grande partie une explication utile, écrite pour des profanes, de l'abc de la physique nucléaire, avec diagrammes atomiques et tout : qu'est-ce qu'un atome ? d'où vient la radiation ? quelle est la différence entre la fission et la fusion ? comment fonctionnent les réacteurs ? et ainsi de suite.

Ce n'est pas qu'une bonne partie des renseignements de base contenus dans la brochure soient nécessairement faux (même si c'est certainement une erreur de passer quasiment sous silence les conséquences néfastes pour la santé et l'environnement de la combustion

---

18. Fred Halstead, *What Working People Should Know about the Dangers of Nuclear Power*, New York, Pathfinder, 1981.

du charbon et de la production de dioxyde de carbone qui en découle). Mais la brochure évite les *questions politiques* essentielles que le mouvement révolutionnaire des travailleurs doit aborder. L'énergie nucléaire continuera à se développer. La question est de savoir quelle classe finira par diriger ce processus et dans les intérêts de qui elle le fera.

La concurrence des capitaux, le besoin de maximiser les profits, encourage l'innovation technologique sous le capitalisme et continuera à le faire aussi longtemps que ce système social existera. En même temps, ces mêmes lois d'accumulation du capital poussent la classe des employeurs à subordonner (et souvent supprimer) les développements scientifiques et technologiques qui pourraient profiter à leurs concurrents — et aux producteurs — de façon à maximiser leurs profits. Ce faisant, les capitalistes font preuve d'un mépris sans borne à l'égard de la santé et de la sécurité des travailleurs et de l'ensemble de la population. Et ils se moquent complètement des conséquences à court et à long terme pour l'environnement naturel.

La nature barbare et inhumaine du capitalisme se reflète dans le fait que parmi les grands progrès de la science et de la technologie, dont l'énergie nucléaire, beaucoup ont été la conséquence de préparatifs de guerres et de massacres par la classe dominante. Ceci a été vrai à travers toute l'histoire de la société de classe, mais à l'époque impérialiste les conséquences menacent réellement l'existence de l'humanité.

IL EST UTILE DE SE RAPPELER que le Parti socialiste des travailleurs a soutenu la décision du gouvernement cubain, au début des années 80, de conclure un accord avec l'Union soviétique pour une aide financière et technique dans la construction d'une centrale nucléaire à Juraguá. Notre position à l'égard de l'énergie nucléaire aux États-Unis n'a jamais été une panacée universelle sans rapport avec l'histoire. Le gouvernement cubain cherchait à atténuer la dépendance énergétique du pays par rapport à l'importation de pétrole de l'Union soviétique, du Mexique, du Venezuela et d'ailleurs. Le gouvernement U.S. ainsi que les contre-révolutionnaires cubano-américains ont tenté cyniquement de gagner de nouveaux soutiens à leur campagne contre la révolution cubaine en cherchant en Floride à créer de l'hystérie autour du réacteur et à recruter des forces de la classe moyenne aux États-Unis parmi des groupes environnementalistes opposés à l'énergie nucléaire.

Le gouvernement cubain a été obligé de suspendre la construction du réacteur en 1992, lorsque l'effondrement du régime stalinien en Union soviétique a brusquement mis fin à l'aide financière et technique nécessaire. Après presque dix ans d'âpres négociations avec le gouvernement russe, les Cubains ont conclu qu'ils ne pourraient pas obtenir de conditions abordables ou qui offriraient des garanties suffisantes pour opérer et entretenir la centrale. Ils ont donc annoncé en décembre 2000 qu'ils ne prévoyaient plus reprendre les travaux sur le projet. Mais si le gouvernement cubain jugeait possible et nécessaire de redémarrer un programme d'énergie nucléaire, nous aborderions ces questions dans la même perspective politique que nous l'avons fait pour le réacteur de Juraguá : celle du prolétariat international.

Nous ne prenons pas cette position parce que Cuba a fait une révolution socialiste il y a une quarantaine d'années, qu'il s'agit d'un État ouvrier ou qu'une direction révolutionnaire continue à guider cette révolution. Nous

Photos : Landov

« La pénurie n'a rien à voir avec les raisons pour lesquelles plus d'un tiers de l'humanité n'a aucun accès à l'électricité, se couche le ventre vide ou n'a aucun accès à l'eau potable. Il s'agit de questions sociales, de questions de classe, de questions politiques. »

EN HAUT. Sri Lanka, 2004. Des femmes vont chercher de l'eau. À travers le monde semi-colonial, le manque de pompes électriques signifie que des centaines de millions de personnes sont obligées de porter l'eau à la main, une tâche qui incombe le plus souvent aux femmes.

EN BAS. Brésil, 2004. L'usine d'enrichissement d'uranium de Resende, que les représentants impérialistes ont insisté pour « inspecter » sous les auspices de l'ONU, en violation de la souveraineté du Brésil. Près de 40 pour cent de la population rurale du Brésil n'a pas d'électricité. Pour beaucoup de travailleurs et d'agriculteurs dans le monde, la production nucléaire d'électricité est la seule voie possible au progrès.

prenons cette position parce que Cuba est un pays qui demeure semi-colonial dans son développement économique. Le mouvement communiste défend également les mesures que pourraient prendre les gouvernements de l'Inde, de l'Iran, du Brésil, de l'Afrique du Sud ou d'ailleurs dans le monde semi-colonial pour augmenter ou développer l'électrification. Le gouvernement et le Parti communiste cubains rejetteraient aussi toute tentative de faire de Cuba un cas à part.

Compte tenu des besoins énergétiques non satisfaits de milliards de personnes à travers le globe, en particulier dans les pays semi-coloniaux ; de la hausse des coûts d'extraction et de raffinage des ressources mondiales de pétrole ; de l'accumulation et de l'accélération des dommages à l'atmosphère terrestre causés par la combustion du pétrole, du charbon et d'autres combustibles fossiles — les réacteurs nucléaires *seront* utilisés pour produire un pourcentage croissant de l'énergie électrique mondiale au vingt et unième siècle. Cela est certain et nécessaire. La question demeure : pendant combien de temps encore la conception et la construction d'enveloppes de confinement, la surveillance du fonctionnement des réacteurs et l'élimination des déchets atomiques — avec toutes leurs conséquences pour la santé et la sécurité publiques — resteront-elles la responsabilité de gouvernements au service des familles impérialistes dominantes et d'autres exploiteurs capitalistes ? Combien de temps faudra-t-il encore avant que ces questions fondamentales — y compris la transition finale de l'énergie nucléaire vers d'autres sources d'énergie, moins dangereuses et qui ne sont pas encore développées — soient prises en charge par des gouvernements de travailleurs et d'agriculteurs agissant dans les intérêts de la vaste majorité de l'humanité ? Les enjeux dans la résolution de cette question — qui se décidera dans des batailles de classe historiques — ne pourraient pas être plus clairs.

Les dangers de l'énergie nucléaire ne constituent pas un argument contre ses bénéfices potentiels pour le développement de l'électrification dans le monde, mais plutôt un argument *pour* organiser les travailleurs afin d'arracher le pouvoir des mains des exploiteurs capitalistes. Le mouvement communiste n'a pas de « position sur l'énergie nucléaire, » que ce soit pour ou contre. Nous avons un cours prolétarien internationaliste pour faire avancer la lutte révolutionnaire vers la libération nationale et le socialisme. Sur cette voie, les travailleurs d'avant-garde dans les pays impérialistes disent clairement aux peuples du monde semi-colonial que nous rejetons les politiques de nos propres classes dirigeantes et que nous soutenons l'extension de l'électrification aux milliards de personnes autour du monde qui sont forcées de vivre et de travailler sans elle. Nous lutterons pour amener les travailleurs, les agriculteurs et les couches de la classe moyenne que nous influençons à comprendre et à appuyer ce cours eux aussi.

Libre-échange : « dans un cas comme dans l'autre, les travailleurs périront »

Notre politique, la politique prolétarienne, sur ce que les dirigeants capitalistes appellent le « libre-échange » commence aussi avec le monde.

Dans son « Discours sur la question du libre-échange » prononcé en janvier 1848, Karl Marx a mis en garde les travailleurs et les démocrates : « Ne vous en laissez pas imposer par le mot abstrait de *liberté*. Liberté de qui ? Ce n'est pas la liberté d'un simple individu, en présence d'un autre individu. C'est la liberté qu'a le capital d'écraser le travailleur. » Dans le cadre des relations sociales capitalistes, a expliqué Marx, que l'actuelle politique gouvernementale soit le libre-échange ou le protectionnisme, dans un cas comme dans l'autre, le travailleur « périra[19] ». Depuis que Marx a préparé ce discours pour le publier il y a plus d'un siècle et demi, la structure du capitalisme mondial a changé considérablement avec l'ascension et la consolidation de l'ordre impérialiste mondial. Ce qui n'a pas changé par contre, c'est la justesse de la conclusion de Marx : quand il s'agit d'évaluer les politiques commerciales de tel ou tel gouvernement capitaliste, la position du mouvement ouvrier est déterminée par ce qui « hâte la révolution sociale. »

Nous commençons avec les intérêts de la classe ouvrière, qui est une classe internationale. Nous n'avons pas de schéma applicable en tout temps, à toute situation et partout. Pour ce qui est des produits qui entrent aux États-Unis, notre politique sur le libre-échange est très simple : *nous sommes en faveur*. Les communistes dans les autres pays impérialistes adoptent la même position vis-à-vis « leur propre » gouvernement. Nous nous opposons inconditionnellement à l'imposition sous toutes sortes de prétextes par les dirigeants des États-Unis de toutes sortes de barrières protectionnistes sur les produits importés. Et nous nous opposons à l'imposition par Washington d'un embargo sur l'exportation de produits vers Cuba, l'Irak, le nord de la Corée et l'Iran — ou aussi, d'ailleurs, vers n'importe quel autre pays impérialiste !

Nous faisons tout ce que nous pouvons pour démasquer la démagogie « libre-échangiste » du capital financier. D'un bout à l'autre, la politique commerciale des

---

19. « Discours sur la question du libre-échange » dans Karl Marx, *Misère de la philosophie*, Paris, éditions Sociales, 1977, p. 211, 205 et 213.

dirigeants est une *politique nationale*. Elle vise à faire avancer les intérêts nationaux de la classe exploiteuse, y compris à établir un équilibre entre les besoins de profit contradictoires de divers secteurs capitalistes qui sont vulnérables à des niveaux assez différents vis-à-vis de la concurrence du marché mondial. Sous la bannière du libre-échange, le gouvernement U.S. utilise ce qu'on appelle des clauses antidumping, des restrictions « environnementales » et de « normes du travail, » la démagogie sur les « droits de la personne » et d'autres mesures visant à livrer des guerres commerciales brutales et agressives contre non seulement ses rivaux impérialistes mais aussi, et avec une férocité particulière, contre les pays semi-coloniaux. Selon les chiffres conservateurs de la Banque mondiale elle-même, les barrières douanières imposées par les pays industriels avancés font perdre par exemple chaque année quelque 2,5 milliards de dollars US de revenus sur les exportations à ce que la banque appelle les 50 pays les moins développés du monde. Les barrières U.S. représentent à elles seules près de la moitié de cette somme — et un fort pourcentage en est composé de produits agricoles de base.

TOUTES LES PAROLES de la Maison-Blanche, du Congrès et de la presse du grand capital sur les « complexités » et les ruptures qui ponctuent les négociations internationales visant à faire avancer le « libre-échange » ne sont qu'un écran de fumée intéressé. Les dirigeants U.S. n'ont qu'une chose à faire : déclarer que tous les produits qui entrent aux États-Unis sont exempts de toute barrière douanière et non douanière. C'est ce qu'exige le Parti socialiste des travailleurs aux États-Unis et c'est ce qu'exigent nos camarades de la part des gouvernements du Canada, de la France, de la Suède, de l'Islande, de l'Australie, de la Nouvelle-Zélande et du Royaume-Uni.

Par contre, ce n'est pas ce que les communistes revendiquent dans la plupart des pays du monde aujourd'hui. Le fonctionnement du marché capitaliste mondial entraîne un énorme — et inadmissible — transfert vers les pays impérialistes de la richesse produite par les travailleurs et les paysans d'Afrique, du Moyen-Orient, d'Amérique latine et de la plus grande partie de l'Asie et du Pacifique. Ce ne sont pas les termes commerciaux « injustes » imposés de l'extérieur au marché mondial qui garantissent en premier lieu cette extorsion. Celle-ci s'effectue avant tout par le biais de la valeur différentielle de la force de travail et par celui de l'écart dans la productivité du travail qui existe entre les pays impérialistes d'une part et ceux que l'impérialisme opprime et exploite de l'autre — une valeur différentielle qui non seulement sous-tend l'échange inégal, mais le reproduit et l'accroît inexorablement.

L'impérialisme déforme les structures économiques du monde semi-colonial. L'« avantage relatif » des pays opprimés au sein du marché capitaliste mondial se limite en grande partie à la production et à l'exportation de produits agricoles et de matières premières, en plus de servir au cours des dernières décennies de « plateformes d'exportation » pour des produits industriels légers ou autres souvent fabriqués dans des usines appartenant à des intérêts impérialistes. Même dans le cas de ces marchandises, les pays du monde semi-colonial se font remettre à leur place chaque fois qu'ils essaient de mettre le nez dans les marchés convoités par les titans de l'agriculture et de l'industrie de l'Amérique du Nord, de l'Europe ou du Japon.

Pendant ce temps, le grand capital des États-Unis et des autres puissances impérialistes exporte des produits industriels lourds, de la technologie, des machines-outils, d'autres produits manufacturés et des produits agricoles — et aussi d'énormes quantités de capitaux. Aujourd'hui l'exportation de capitaux vers les pays semi-coloniaux en particulier ne prend pas seulement la forme d'achat de terres agricoles, d'usines, de commerces de détail et de gros, de compagnies d'assurance, de banques et de droits miniers. Elle revêt également la forme de prêts qui entraînent ces pays dans le piège tourbillonnant de l'esclavage de la dette envers les banques et les gouvernements impérialistes, souvent par l'intermédiaire d'institutions financières « internationales » comme la Banque mondiale et le Fonds monétaire international.

ŔECEMMENT, LES DEVISES d'un nombre croissant de pays d'Amérique latine et d'autres pays semi-coloniaux ont été liées encore plus directement au dollar. Au cours de la dernière année, l'Équateur et le Salvador ont tous les deux adopté le dollar US comme devise nationale, se joignant au Panama qui est enchaîné au billet vert depuis les dernières années de la deuxième guerre mondiale. Mais l'exemple le plus frappant est celui de l'Argentine. Au début des années 90, c'était pour l'impérialisme U.S. le modèle de « l'économie de marché » pour le tiers monde. Le secret de sa « croissance sans inflation, » disait-on, résidait dans la décision prise il y a une décennie par la bourgeoisie argentine d'établir la parité entre le peso et le dollar. Mais depuis le milieu des années 90, la surévaluation du peso a exacerbé une récession qui s'approfondit, le chômage a bondi et la consommation de calories par les travailleurs des campagnes et des villes a même baissé. Et on verra pire encore. Il y a aussi eu une réponse : des explosions sociales répétées, d'abord dans telle ville ou province, ensuite dans telle autre, et puis dans une autre encore [20].

Au Mexique, le capital financier U.S. a fait pression sur le gouvernement pour que celui-ci ouvre le système bancaire à une pénétration directe et une domination croissantes des impérialistes. Avec la levée des obstacles gouvernementaux empêchant le contrôle étranger des banques mexicaines, Citibank a acheté Banamex au début de l'année, le deuxième plus important groupe bancaire du pays. Ceci se traduira par un plus grand afflux de capital impérialiste dans le pays, ce qui augmentera la dette extérieure déjà ahurissante et exercera des pressions accrues sur les conditions de vie et de tra-

---

20. La crise argentine a atteint une nouvelle étape en décembre 2001. Malgré des années d'attaques par le gouvernement et les employeurs contre les emplois, les salaires et les avantages sociaux, le régime s'est retrouvé en défaut de paiement sur des obligations gouvernementales d'une valeur de 100 milliards de dollars US, des obligations principalement détenues par des capitalistes d'Europe de l'Ouest. La valeur du peso a été découplée de celle du dollar et a chuté de 75 pour cent, ce qui a eu des conséquences dévastatrices pour les travailleurs, les agriculteurs et de larges couches de la classe moyenne. Des grèves, des manifestations et des occupations d'usines généralisées ont forcé quatre présidents à démissionner l'un après l'autre entre décembre 2001 et janvier 2002. Au cours de l'année suivante, la croissance économique a chuté de 12 pour cent, le chômage a bondi à près de 25 pour cent et l'inflation a atteint 40 pour cent. Au milieu de 2004, le taux de chômage s'élevait encore à près de 15 pour cent selon les chiffres du gouvernement et près de la moitié des Argentins vivaient sous le seuil de pauvreté officiel, alors que le capital financier international a continué à soutenir les riches porteurs d'obligations en rejetant l'offre du gouvernement argentin de rembourser à un taux de 25 cents par dollar la dette en défaut.

vail[21]. Un processus similaire commence à se dérouler dans le sud de la Corée avec l'achat de Daewoo par General Motors et d'autres acquisitions impérialistes qui se préparent. Ces jours-ci, peu de gens parlent des « tigres asiatiques. »

Sous les administrations des deux présidents William Clinton et George W. Bush, Washington a fait pression pour imposer au reste de l'Amérique latine et des Caraïbes ce qu'il appelle la zone de libre-échange des Amériques (zléa), une métastase de l'accord de libre-échange nord-américain (aléna [22]). Cette nouvelle « politique de bon voisinage » yankee pour le vingt et unième siècle va ouvrir les pays et les peuples de l'hémisphère occidental à une pénétration et à un pillage encore plus grands par les capitaux et les marchandises U.S. Les termes des échanges deviendront plus inégaux, pas moins.

En réponse, le président cubain Fidel Castro a proposé aux partis ouvriers, aux organisations populaires et aux syndicats à travers la région de revendiquer la tenue d'un

---

21. Près de 80 pour cent du capital bancaire commercial au Mexique — ce qui comprend chacune des cinq plus grandes banques du pays — est aujourd'hui possédé par des banques aux États-Unis, en Europe de l'Ouest, au Canada et au Japon. Ce pourcentage était de 1 pour cent il y a une décennie, au moment où les puissances impérialistes ont forcé les portes du Mexique pendant la « crise du peso » de 1994-1995. Voir « Si loin de Dieu, si près du comté d'Orange » dans Jack Barnes, *Le désordre mondial du capitalisme : la politique ouvrière au millénaire*, New York, Pathfinder, 2000, p. 79-87 [tirage de 2010].

22. Pour une discussion sur l'aléna, voir la section III « Changement historique dans le mouvement mondial des capitaux, » dans la présentation « La marche de l'impérialisme vers le fascisme et la guerre » faite par Jack Barnes en 1994 et publiée dans *Nouvelle Internationale* n⁰ 5, 1995, p. 343-373 [tirage de 2009].

vote national dans chaque pays de l'Amérique du Sud, de l'Amérique centrale et des Caraïbes sur la ratification de cet accord instigué par l'impérialisme. Que le peuple vote sur la zléa ! Nous appuyons cette revendication et nous expliquons pourquoi dans notre presse, nos campagnes électorales et nos forums hebdomadaires. Nous le faisons tout en expliquant simultanément à nos *compañeros* de Cuba et d'ailleurs dans les Amériques pourquoi aux États-Unis la campagne contre la zléa menée par des officiers syndicaux et un éventail de groupes libéraux et radicaux a un contenu complètement différent — un contenu réactionnaire, chauvin et pro-impérialiste que nous dénonçons et combattons par tous les moyens possibles.

Le mythe de la « surpopulation »

Comme communistes aux États-Unis, nous ne pourrons élaborer notre politique et notre stratégie, fixer nos tâches et priorités, et construire un parti prolétarien révolutionnaire que si nous travaillons simultanément comme partie intégrante d'un mouvement mondial d'égaux politiques. Cette perspective internationaliste prolétarienne est le contraire du point de vue nationaliste défendu par la bourgeoisie U.S. et imité à un degré ou un autre par pratiquement tous les courants petit-bourgeois au sein du mouvement ouvrier.

Le nationalisme américain que nous rejetons se manifeste avec une virulence particulière dans la démagogie chauvine de forces d'extrême droite comme celles de Patrick Buchanan. Un des axes politiques de Buchanan consiste à sonner l'alarme en disant qu'il se produit une explosion démographique parmi les peuples, déjà majoritaires dans le monde, qui ont la peau noire, brune ou jaune, alors que les taux de natalité chutent chez ceux qui ont la peau blanche en Europe et en Amérique du

Nord. Combinées à une immigration croissante vers les pays industrialisés, dit Buchanan, ces tendances démographiques signifient la fin de ce qu'il appelle « la culture et la civilisation occidentales » et de ce qu'un grand nombre de ses partisans appellent carrément « l'Amérique blanche (chrétienne) » ou parfois dans des groupes plus hétérogènes simplement « l'Occident ».

Depuis que le pasteur Thomas Malthus a publié en 1798 son essai sur les dangers de la « surpopulation », la droite et la gauche dans la politique bourgeoise ont toutes les deux encouragé, en employant une rhétorique légèrement différente, des paniques périodiques autour de ce thème. Au cours des 50 dernières années, les libéraux ont été les plus énergiques à jouer les Cassandres en mettant les gens en garde contre la « bombe démographique. »

Le caractère raciste de toutes les campagnes de ce genre aujourd'hui est évident : c'est l'idée que les races qui ont la peau foncée, non seulement en Afrique subsaharienne mais aussi en Asie et dans les Amériques, ne sont pas complètement humaines — ou du moins pas encore complètement civilisées. Mais les classes dirigeantes capitalistes et leurs valets au sein des couches professionnelles font face à un dilemme insoluble lorsqu'ils abordent les questions étroitement liées de la population mondiale et de l'immigration. Les classes possédantes ont désespérément besoin d'« eux » en nombre de plus en plus grand pour continuer à reconstituer l'armée de réserve des chômeurs et — espèrent les dirigeants — pour empêcher l'augmentation des taux de salaire et freiner les revendications de meilleures conditions de travail et de vie qui réduisent considérablement leur appropriation de la plus-value. Mais la bourgeoisie, et surtout la petite bourgeoisie, a aussi peur de se noyer dans une mer d'« eux ». À cela s'ajoute la mise en garde des dirigeants et de leurs propagandistes, sur un ton de plus en plus strident, contre la migration qui s'accélère de l'Afrique du Nord, du Moyen-Orient et de l'Asie du Sud et qui introduit des « terroristes » parmi nous.

Il y a presque 40 ANS, Malcolm X a directement touché ce point sensible lorsqu'il s'est moqué de l'hystérie de l'opinion publique bourgeoise devant la perspective que la République populaire de Chine développe des armes nucléaires. Les dirigeants américains n'avaient qu'une seule consolation : « Dieu merci, ils n'ont pas de système de lancement. » Malcolm en a donc rajouté une couche. Quand ils auront la bombe, a-t-il fustigé, les Chinois n'auront pas à s'inquiéter des systèmes de lancement. Il y a tellement de Chinois qu'ils pourront la « transporter à la main » !

LA PEUR DE CE SCÉNARIO d'explosion démographique et migratoire est profondément ancrée dans la psychologie de classe de la bourgeoisie et des couches mieux nanties de la petite bourgeoisie. Elle va souvent de pair avec des appels à sévir contre les immigrés — non pas dans le but de tarir le flux de main-d'oeuvre à bon marché dont ils ont besoin pour l'exploiter, mais dans celui de créer une atmosphère d'intimidation et de déportation imminente capable de « les tenir à leur place. » Le battage sur la surpopulation s'accompagne toujours d'angoisses, à peine refoulées, enracinées dans la peur de perdre des biens mal acquis. Il s'accompagne toujours d'inquiétudes sur les « taux élevés de criminalité » qui pourraient s'étendre jusqu'à « ma porte » avec l'accroissement de la « sous-classe ». Le « bon sens » bourgeois insiste sur les « limites de la croissance, » sur les « pressions insoutenables » qui s'exercent sur l'environnement et la biosphère, sur « l'épuisement » des ressources naturelles et sur le tarissement du soutien à la vie. En deux mots : un *Armageddon écologique*. En un mot : la panique. Ce sont là les euphémismes socialement admissibles employés pour camoufler les terreurs les plus profondes des libéraux privilégiés. Ce préjugé de classe est beaucoup plus fort que leur « libéralisme ».

CETTE CONSÉQUENCE POLITIQUE de l'accélération de l'inégalité sociale et des privilèges de classe constitue le point central de *The Bell Curve: Intelligence and Class Structure in American Life* [La courbe en cloche : l'intelligence et la structure de classe de la vie américaine] de Richard J. Herrnstein et Charles Murray [23]. Comme l'ont dit les auteurs dans l'avant-dernier chapitre, ce « best-seller d'un professeur est peut-être une diatribe contre la justice pénale punitive, mais cela ne signifie pas qu'il ne manifestera pas ce qu'il pense en déménageant dans un quartier sûr. » Commentant l'expression « la sécession de ceux qui ont réussi » forgée par Robert Reich, le secrétaire du Travail dans la première administration Clinton, Herrnstein et Murray poursuivent : « Le symbole actuel de ce phénomène est l'enclave résidentielle protégée, en sécurité derrière ses murs et ses postes de garde. [...] Ou la prolifération d'agences privées de sécurité pour les entreprises, les écoles, les centres d'achats et tout autre endroit où des gens bien nantis veulent être en sécurité [24]. »

---

23. Voir « La « Courbe en cloche » : le scandale des privilèges de classe » dans la présentation « Si loin de Dieu, si près du comté d'Orange, » *Le désordre mondial du capitalisme*, p. 209-223.

24. Richard J. Herrnstein et Charles Murray, *The Bell Curve: Intelligence and Class Structure in American Life*, New York, Free Press,

Bien sûr, les propres scénarios cauchemardesques de Buchanan s'appuient en partie sur des projections des tendances démographiques actuelles. Depuis 1950 seulement, le pourcentage de la population mondiale qui vit dans les pays impérialistes est tombé de 22 à 14 pour cent. Et quelques études prévoient que la population « blanche » de l'Europe connaîtra une baisse pouvant atteindre 25 pour cent au cours du prochain demi-siècle. C'est moins pire que la peste noire de 1348 qui a réduit la population de l'Europe entre un tiers et la moitié. Mais c'est une maigre consolation pour les gens comme Buchanan et ses copenseurs sur le continent.

L'affirmation voulant que la croissance démographique explose selon une progression géométrique partout ailleurs dans le monde est évidemment fausse. En fait, il y a une vraie décélération de cette croissance, une stabilisation. Les propagandistes de l'« explosion des naissances » ferment les yeux sur le fait que les taux de natalité baissent à mesure que les paysans et les agriculteurs émigrent de la campagne à la ville, que les femmes ont accès à l'éducation et se joignent à la population active urbaine, que le niveau de vie s'améliore et que l'accès à la contraception moderne s'élargit.

1994, p. 515 et 517. Une étude du Bureau du recensement a signalé en 2001 qu'environ 6 pour cent des ménages aux États-Unis — à peu près sept millions de personnes — vivent maintenant dans des lotissements entourés de murs ou de clôtures. Un livre sur le sujet publié en 2003 ajoute qu'un tiers de toutes les nouvelles communautés du sud de la Californie sont des enclaves protégées et que 80 pour cent des maisons d'une valeur de plus de 300 000 $ à Tampa en Floride se trouvent dans de telles enclaves. Le nombre de gens employés par des agences de sécurité privées a presque doublé aux États-Unis entre 1980 et 2000, s'élevant à 1,9 million selon l'Association de l'industrie de la sécurité.

Deux des nouveaux riches les plus fortunés et les plus en vue d'Amérique, Bill Gates de Microsoft et Warren Buffet de Berkshire Hathaway, font tous les deux partie des plus importants donateurs individuels dans le monde aux programmes de contrôle démographiques dans les pays semi-coloniaux. Et Ted Turner du réseau CNN a récemment donné un milliard de dollars en soutien aux programmes des Nations unies qui visent à empêcher les peuples du monde, comme il l'avait dit plus tôt, de « se multiplier comme une nuée de sauterelles. » Mais toutes leurs tentatives de bonnes oeuvres mises ensemble ne font pas le poids à côté des conséquences sociales irrépressibles du fonctionnement du capital lui-même, qui continue à expulser de leurs terres des millions d'esclaves de la dette à la campagne et à les pousser vers les centres urbains. Dans les régions urbaines, un nouvel événement heureux n'est plus une autre paire de bras à mettre bientôt à l'ouvrage dans les champs, mais une nouvelle bouche à nourrir pour les membres de la famille qui cherchent désespérément à vendre leur force de travail et gagner un salaire décent.

LES FEMMES QUI DOIVENT par nécessité entrer sur le marché du travail urbain ne peuvent plus s'occuper de leurs enfants comme elles l'ont fait même quand leurs familles travaillaient dans les champs. Et dans les villes, on voit éclater les unités familiales élargies composées des grands-parents, des oncles, des tantes, des cousins, des frères et des soeurs. À mesure que le capital accroît, à des degrés divers, la taille des classes moyennes à travers le monde semi-colonial, les femmes qui obtiennent des emplois, une plus grande éducation, un plus haut degré d'égalité et d'indépendance, et de meilleures conditions ont aussi en moyenne moins d'enfants.

En outre, depuis le début des années 90 la dévastation sociale qui accompagne tous les types de « traitement de choc » capitaliste appliqués dans les États ouvriers de l'ancienne Union soviétique et de l'Europe de l'Est — alors que les impérialistes ont fait pression sur les sections nouvellement dominantes des castes dirigeantes pour qu'elles donnent libre cours à la loi de la valeur dans la production, le commerce et les finances — a non seulement réduit dramatiquement l'espérance de vie mais aussi conduit à une forte baisse du taux de natalité dans un grand nombre de ces pays.

Il est donc tout simplement faux de dire qu'il existe une montée constante des taux de fécondité à l'extérieur des pays impérialistes, indépendante des changements dans la structure de classe, des migrations urbaines et des autres transformations sociales profondes. En fait, la tendance va dans l'autre sens. Neuf des quinze pays semi-coloniaux les plus grands ont aujourd'hui des taux de natalité plus bas que les États-Unis en 1965.

Prenons le Mexique par exemple. Parce qu'il est le voisin des États-Unis et sa plus importante source d'immigration, le Mexique est une cause particulière d'inquiétude aussi bien pour Buchanan que pour les prophètes de malheur libéraux. Le fait est que le taux de natalité au Mexique a chuté de presque 7 enfants par femme à la fin des années 60 à moins de 2,5 enfants en moyenne aujourd'hui. C'est un énorme changement démographique qui s'est opéré pendant ce court laps de 40 ans.

Ou prenons l'Inde, le pays qui a la deuxième plus grande population au monde. Le taux de fécondité y a chuté à 3 enfants par femme alors qu'il était de 6 en 1950 [25].

---

25. Selon les chiffres des Nations unies, le taux de natalité des pays semi-coloniaux d'Asie, d'Afrique et d'Amérique latine a

Pas de lois démographiques abstraites

Aucun des disciples actuels de la thèse de la surpopulation n'ajoute quoi que ce soit de fondamental aux arguments réactionnaires de Malthus et auxquels Karl Marx a apporté la réponse la plus succincte dans *Le Capital* il y a quelque 135 ans [26].

D'abord Marx a mis à nu le raisonnement fallacieux à la base de la position de Malthus, selon lequel la croissance de la population devancerait inévitablement la productivité du travail agricole et mènerait à des pénuries alimentaires et à des famines catastrophiques. Au contraire, a répondu Marx, « la terre judicieusement traitée s'améliore sans cesse [27]. » La production d'aliments peut donc se développer beaucoup plus vite que la population. L'analyse de Marx s'est vue confirmée maintes fois depuis. Depuis 1960 seulement, la production céréalière mondiale totale a augmenté à un taux 25 pour cent supérieur à celui de la population pendant la même période. Mais comme Marx l'a aussi expliqué, le système de marché capitaliste approfondit les inégalités de classe et ga-

---

baissé d'une moyenne de 5,4 enfants par femme dans la période 1970-1975 à une moyenne estimée à 2,9 enfants dans les 5 premières années du vingt et unième siècle — une baisse de 46,2 pour cent en 35 ans.

26. On trouvera une bonne sélection d'articles de Karl Marx et Friedrich Engels sur le sujet dans Ronald L. Meek (ed.), *Marx and Engels on Malthus* [Marx et Engels sur Malthus], New York, International Publishers, 1954. Ce recueil aujourd'hui épuisé a été réédité sous le titre de *Marx and Engels on the Population Bomb* [Marx et Engels sur la bombe démographique], Berkeley, Ramparts, 1971.

27. Karl Marx, *Le Capital*, livre 3, Paris, Moscou, éditions du Progrès, 1986, p. 817.

rantit l'extension de la malnutrition, de la faim et même carrément de la famine au milieu de l'abondance — le sort de plus de deux milliards de personnes aujourd'hui selon les chiffres des Nations unies. C'est deux fois la population du monde entier à l'époque de Malthus.

Deuxièmement, Marx a expliqué que « chaque mode de production historique particulier a effectivement ses lois de population particulières, dont la validité est historiquement déterminée. Il n'y a de loi de population abstraite que pour les plantes et les animaux, et encore, pour autant que l'homme n'intervienne pas historiquement. » Sous le capitalisme, a dit Marx, ce qui semble être une surpopulation est en fait « une armée industrielle de réserve disponible » qui aide la classe capitaliste à maintenir les taux de salaire à un bas niveau et qui est « constamment prête et exploitable pour les besoins changeants » de profit du capital. « Avec l'accumulation du capital qu'elle produit elle-même, la population ouvrière produit donc en un volume croissant les moyens de sa propre surnumérisation relative. C'est là une loi de population propre au mode de production capitaliste [28]. »

À l'époque impérialiste, cette armée de réserve industrielle prend de plus en plus des dimensions mondiales à mesure que des travailleurs chassés de la terre et fuyant des bidonvilles misérables à travers l'Asie, l'Afrique et l'Amérique latine franchissent les frontières dans l'espoir de trouver un salaire décent dans les pays capitalistes industrialisés de l'Amérique du Nord, de l'Europe, de l'Australie, de la Nouvelle-Zélande et même, dans une mesure croissante aujourd'hui, du Japon.

---

28. Karl Marx, *Le Capital*, livre 1, Paris, Presses Universitaires de France, 1993, p. 707-708.

Le battage malthusien sur le monde à court de nourriture va de pair avec les prévisions voulant que d'autres ressources s'épuisent aussi à cause de la « pression démographique. » Ces prévisions s'accompagnent toujours de rationalisations expliquant pourquoi les travailleurs et les agriculteurs à travers le monde doivent se serrer la ceinture dans l'intérêt des « générations futures » — en pratique, dans l'intérêt des *générations présentes* d'une poignée de familles possédantes dirigeantes et de classes moyennes supérieures privilégiées. Un partisan bien connu de ce point de vue l'a ainsi exprimé un jour : « Donner à la société une source d'énergie abondante et à bon marché équivaudrait à donner une mitrailleuse à un enfant stupide. » La citation est de Paul Ehrlich, qui a écrit un livre à succès en 1968 intitulé *The Population Bomb* [La bombe démographique]. Quelques années plus tard, Ehrlich, qui est un libéral, a écrit un autre livre soutenant qu'une pénurie croissante de ressources naturelles clés menaçait le monde.

En 1980 un économiste conservateur du nom de Julian Simon a mis Ehrlich au défi de faire un pari avec lui. Si, comme Ehrlich le dit, il y a une pénurie croissante de matières premières, leurs prix devraient monter à la longue étant donné que la demande devrait l'emporter sur l'offre. Simon a donc proposé à Ehrlich d'acheter cinq métaux pour une valeur de 200 $ chacun : de l'étain, du tungstène, du cuivre, du nickel et du chrome. Si le prix combiné de ces cinq métaux était plus élevé dix ans plus tard, Simon payerait alors la différence à Ehrlich. S'il était plus bas, Ehrlich payerait la différence à Simon. En 1990, les prix de chacun de ces cinq métaux avaient baissé et Ehrlich a envoyé à Simon un chèque de 576 $.

Ce pari n'aurait posé aucun problème aux marxistes ou en fait à quiconque aurait pris la peine de jeter un regard objectif sur l'histoire vieille de 250 ans du capitalisme industriel. Le fait est qu'en dépit de diverses tendances à court et moyen terme, le prix de toutes ces ressources a historiquement baissé sous le capitalisme et va continuer à le faire.

La pénurie n'a absolument rien à voir avec la raison pour laquelle plus du tiers de l'humanité n'a aucun accès à l'électricité aujourd'hui, ou se couche sans avoir assez mangé ou n'a aucun accès à l'eau potable. Il s'agit là de questions *sociales*, de questions *de classe*, de questions *politiques* : celles de la distribution capitaliste des revenus et de sa reproduction constante.

Et ces questions ont une grande importance pour les communistes qui vivent et luttent aujourd'hui dans un monde où les rangs de la classe ouvrière continuent à croître partout aussi bien en termes absolus et relatifs que du point de vue de son poids social et politique. Elles ont une grande importance dans un monde où l'alliance ouvrière et paysanne devient non seulement une nécessité plus pressante avec le passage de chaque décennie, mais devient objectivement plus réalisable. Elles ont une grande importance dans un monde où le fonctionnement même du capitalisme attire des dizaines de millions de travailleurs et de paysans à traverser les océans, les continents et les frontières vers les États-Unis et vers les autres pays impérialistes.

Ce que fera un gouvernement des travailleurs et des agriculteurs

Chacun de nous a fait probablement l'expérience de lire quelque chose pour une deuxième ou une troisième fois, ou même plus, et de remarquer tout à coup quelque chose qu'on n'avait jamais lu exactement de cette manière auparavant. Une expression nous saute aux yeux après que nous ayons traversé une expérience dans la lutte de classe ou à cause d'une question politique à laquelle nous réfléchissons. Récemment, en relisant les statuts du Parti socialiste des travailleurs, j'ai été frappé par le deuxième paragraphe de l'article II : « Le parti a pour but d'éduquer et d'organiser la classe ouvrière, afin d'établir un gouvernement des travailleurs et des agriculteurs qui abolira le capitalisme aux États-Unis *et se joindra à la lutte mondiale pour le socialisme.* »

L'énoncé des objectifs commence avec l'effort révolutionnaire pour organiser la classe ouvrière et nos alliés afin d'établir un gouvernement des travailleurs et des agriculteurs ici — aux États-Unis. C'est d'abord et avant tout une question pratique, une question « américaine ». Parce que c'est l'État, que c'est la puissance armée que l'avant-garde de masse de la classe ouvrière doit être conduite à affronter et à vaincre. Nous devons faire une révolution à l'intérieur de ces frontières, au sein des 50 États où, pour le meilleur ou pour le pire, le dollar est la monnaie souveraine.

Mais comme l'indique la deuxième partie de l'énoncé des objectifs, nous ne nous faisons aucune illusion sur la possibilité après la prise du pouvoir par les travailleurs et les agriculteurs des États-Unis de construire le socialisme dans *ce* seul pays, pas plus que dans n'importe quel autre pays unique. Ou sur la capacité d'un tel pouvoir libérateur de se défendre contre des adversaires de l'étranger simplement en se barricadant et en « construisant le socialisme. » Ce qui aura changé, c'est que les travailleurs des États-Unis pourront se joindre à la lutte mondiale pour le socialisme avec un instrument nouveau et puissant — l'instrument le plus puissant que les travailleurs puissent brandir, un gouvernement des travailleurs et des agriculteurs. Ce gouvernement révolutionnaire sera l'antichambre non seulement de la dictature du prolétariat dans ce pays, mais aussi d'une étape entièrement nouvelle de la révolution *mondiale*. Sinon il sera renversé et une réaction horrible sera imposée aux travailleurs.

J'avais déjà lu l'article II des statuts du parti. Mais ce n'est qu'en le relisant récemment que j'ai été frappé de constater à quel point il nous aide beaucoup à comprendre le point de départ de l'internationalisme prolétarien pour les communistes aux États-Unis : conquérir le pouvoir, l'arracher des mains des dirigeants impérialistes meurtriers de ce pays, voilà la plus grande contribution que les travailleurs et les agriculteurs U.S. peuvent faire et feront à la lutte mondiale pour le socialisme. Mais en dépit de toute l'organisation, de toute la discipline, de tous les muscles, de tous les os et de tout le sang qu'il faudra pour atteindre cet objectif, la victoire de la révolution socialiste dans ce pays posera alors un nouvel ensemble de tâches politiques encore plus difficiles, plus essentielles et plus gratifiantes dans la marche en avant de l'humanité.

L'ÉTABLISSEMENT DE LA DICTATURE du prolétariat n'apportera pas le socialisme. Il créera les conditions où la classe ouvrière peut commencer à faire des progrès de plus en plus grands vers le contrôle de l'industrie par les travailleurs et à franchir les premiers pas vers la gestion de l'industrie et la planification de l'économie. Où les agriculteurs, libérés de la menace que la terre qu'ils cultivent soit saisie, pourront commencer avec l'aide des travailleurs des villes à révolutionner la production agricole dans l'intérêt de l'humanité d'aujourd'hui et de demain (et à montrer une ou deux choses à la population urbaine, ce qui enrichira nos vies et élargira notre culture). Où les Noirs pourront s'organiser sous l'égide

« **Une alliance des travailleurs et des agriculteurs est non seulement une nécessité de plus en plus urgente dans le monde d'aujourd'hui, elle est objectivement plus réalisable.** »

À travers le monde capitaliste, les agriculteurs sont pris en tenaille entre le coût élevé des produits qu'ils achètent et le bas prix de ceux qu'ils vendent. **EN HAUT.** Canada, janvier 2001. Une manifestation d'agriculteurs de l'Ontario revendique le versement d'une aide et l'assistance du gouvernement. **EN BAS.** Cuba, 2000. Des agriculteurs et des travailleurs des États-Unis échangent leurs expériences avec des agriculteurs cubains dans une coopérative de crédit et de services.

du nouveau pouvoir d'État pour franchir rapidement des pas de géant vers l'élimination de tout vestige de préjugés et de discrimination racistes dans les relations sociales. Où les femmes, et de puissants alliés, pourront s'organiser elles-mêmes pour faire avancer la lutte pour leur émancipation complète de l'héritage oppressif de millénaires de société de classe. Et où tout le poids de la nouvelle république des travailleurs et des agriculteurs aux États-Unis servira à faire avancer chaque lutte pour la libération nationale et pour le socialisme où qu'elle se déroule dans le monde.

Telle est la perspective, tel est le programme mondial auxquels nous recrutons des travailleurs, des agriculteurs et des jeunes dans ce pays. Ils adhèrent aux Jeunes socialistes et au Parti socialiste des travailleurs non seulement parce que la perspective d'une révolution qui promet de mettre à l'ordre du jour l'élimination rapide et complète de ces formes d'oppression profondément enracinées les attire, mais aussi parce qu'ils veulent participer aux luttes à l'échelle mondiale d'où émergera une réalité digne du mot socialisme.

Le caractère changeant de la résistance

Pendant 85 ans, la population du Nebraska a baissé à chaque nouvelle décennie. On plaisantait sur le fait que le principal produit d'exportation du Nebraska était sa population. Puis soudainement au milieu des années 90, les chiffres se sont inversés. Aujourd'hui, un enfant sur dix au Nebraska a des parents venus du Mexique ou de l'Amérique centrale.

Il y a quelques jours, nos camarades en Californie sont allés rencontrer une quarantaine de travailleurs dans la vallée de la Salinas — tous venaient non seulement du Mexique mais de l'État mexicain d'Oaxaca. Nous étions entrés en contact avec eux par l'intermédiaire d'un autre travailleur d'Oaxaca qui participe régulièrement à des activités avec des membres de la branche du parti à Atlanta. Il s'est avéré qu'un bon nombre de ces travailleurs étaient venus à la réunion dans l'espoir que nous pourrions les aider à résoudre différents problèmes d'immigration. Les camarades leur ont dit que sur ces questions ils devraient parler à des gens qui connaissent toutes les ficelles des lois et des procédures d'immigration. Nous avons dit que nous sommes des travailleurs et des communistes venus pour avoir une discussion politique, à la suggestion de plusieurs d'entre eux avec qui nous avions travaillé auparavant et de leur ami en Georgie.

Quelques-uns nous ont serré la main et sont partis. Mais une vingtaine de travailleurs sont restés et nous avons entamé la discussion. Les camarades s'étaient préparés afin de traduire dans les deux sens entre l'espagnol et l'anglais. Mais un des organisateurs de la réunion a demandé poliment à nos traducteurs de ralentir étant donné qu'il fallait tout traduire *deux fois* : de l'anglais à l'espagnol et ensuite de l'espagnol vers deux langues indiennes, avant de refaire le trajet en sens inverse vers l'anglais.

Cette histoire souligne un point politique que nous apprenons et réapprenons dans beaucoup d'ateliers de confection et d'abattoirs où nous travaillons, dans le travail de solidarité avec les grèves et dans d'autres luttes sociales où nous sommes impliqués : même s'il est important pour les travailleurs-bolcheviks d'apprendre l'espagnol (nous avons recommencé à le faire de façon un peu plus systématique tout en aidant les travailleurs que nous recrutons et qui ne sont pas à l'aise en anglais à l'apprendre), les travailleurs engagés comme des égaux dans une lutte peuvent trouver et en fait trouvent le moyen de communiquer entre eux.

Le parti s'intègre davantage dans la classe ouvrière telle qu'elle existe et dans la résistance ouvrière qui transforme les possibilités de construire un parti prolétarien. Nous sommes par exemple au milieu de la lutte organisée dans plusieurs États aujourd'hui par des groupes pour les droits des immigrés qui exigent le retrait de l'obligation d'inscrire le numéro de sécurité sociale sur les permis de conduire. Nous sommes littéralement les seuls à en expliquer les enjeux pour tous les travailleurs, pour l'ensemble du mouvement ouvrier U.S., et à appeler les syndicats à jeter toutes leurs forces dans cette bataille. Ces nouvelles lois adoptées par des États — qui rendent plus difficile pour les travailleurs sans papiers d'obtenir un permis de conduire et de garder un emploi et les rendent plus vulnérables au harcèlement et à l'expulsion — représentent en même temps un pas de plus vers l'imposition à toute la population des États-Unis d'un système national de carte d'identité.

MAIS NOUS DEVONS ÊTRE CLAIRS. Le mouvement communiste n'a pas une orientation vers les travailleurs immigrés. Nous avons une orientation vers l'avant-garde de la classe ouvrière, l'avant-garde du mouvement ouvrier, l'avant-garde impliquée dans les luttes syndicales, sociales et politiques en défense des travailleurs contre la classe des employeurs, son gouvernement et ses partis politiques. Nous participons à ces innombrables luttes et cherchons par tous les moyens possibles à présenter et discuter un programme révolutionnaire dans l'intérêt de la classe ouvrière. En le faisant, nous rencontrons aussi beaucoup de travailleurs immigrés. Mais nous sommes pleinement conscients que la vaste majorité des travailleurs dans ce pays, dont beaucoup font partie de la nouvelle avant-garde qui émerge, ne sont pas des immigrés récents. Certaines de nos meilleures ventes d'abonnements au *Militant* au cours des derniers mois par exemple l'ont été à des mineurs de charbon en Pennsylvanie, au Colorado, au Wyoming et au Nouveau-Mexique — des travailleurs principalement nés aux États-Unis et dont la première langue est l'anglais. Nous avons fait de bonnes ventes du *Militant* et d'autres publications aux familles de mineurs d'uranium dans l'Ouest qui luttent pour une couverture médicale et une indemnisation face aux conséquences dévastatrices de l'indifférence des patrons de l'industrie minière pour la santé, la sécurité et la vie des travailleurs.

Tout ceci fait partie d'une seule réalité de classe, alors que s'accumulent les preuves qu'il y a eu des changements de mer dans le caractère de la résistance des travailleurs et des agriculteurs, un refus d'être simplement repoussés par les patrons et leur gouvernement, une tendance à se tourner vers d'autres travailleurs qui résistent à l'assaut des dirigeants. Si nous suivons les lignes actuelles de résistance parmi les travailleurs de la ville et de la campagne — et si, en agissant selon la logique de la politique, nous sommes prêts à modifier en conséquence nos formes d'organisation afin de maximiser notre réponse à l'ampleur de ces opportunités — notre cours d'action nous entraînera alors plus profondément dans les mouvements sociaux embryonnaires de notre classe et de ses alliés. Il nous entraînera plus profondément dans les syndicats et dans la lutte pour les transformer en organisations prolétariennes combattantes qui pensent socialement et agissent politiquement.

Le présent comme histoire

Une partie intégrante de notre réponse aux changements de mer dans la politique ouvrière, c'est l'initiative qu'ont prise les camarades des branches d'Atlanta et de Washington pour approfondir notre travail commun avec des agriculteurs qui sont noirs et qui luttent contre les saisies et contre toutes les formes de discrimination raciste qu'ils ont subies de la part des agences fédérales agricoles et dans l'obtention de crédit à bon marché. Ces camarades nous ont aussi encouragés à prendre au sérieux *l'histoire* de ces luttes en cours et leur place dans une continuité vivante qui remonte à la guerre civile U.S. — la deuxième révolution américaine — et surtout aux décennies qui ont suivi cette guerre à la campagne et dans les petites et grandes villes du Sud.

Un grand nombre de ces agriculteurs luttent pour continuer à cultiver la terre que leur famille a travaillée pendant des générations. Pour qu'une famille noire du Sud des États-Unis puisse posséder une terre aussi longtemps, il a fallu que les générations précédentes luttent et survivent à la terreur nocturne des lynchages organisée par les suprémacistes blancs, qui s'est poursuivie et s'est souvent intensifiée dans la foulée de la défaite de la reconstruction radicale qui a suivi la guerre civile. Cette terreur se rapprochait plus de la violence fasciste, sur une grande échelle et pendant une période prolongée, que tout ce qu'on a vu d'autre dans ce pays.

Pendant la décennie qui a suivi la défaite de la slavocratie en 1865, la bourgeoisie industrielle montante du Nord — qui renouait alors des liens avec les puissants intérêts fonciers, commerciaux et manufacturiers en émergence à travers le Sud — a conclu une fois pour toutes qu'elle n'avait pas du tout l'intention de satisfaire les aspirations des esclaves libérés, qui réclamaient une réforme agraire radicale leur accordant « 40 acres et un mulet. » Le faire aurait tout d'abord privé ces exploiteurs d'une source à bon marché de travailleurs sans emploi.

Bien plus, la bourgeoisie craignait avec raison qu'une alliance d'agriculteurs libres, noirs et blancs, avec la classe ouvrière industrielle qui se développait dans les villes poserait un sérieux défi à l'exploitation qui s'intensifiait dans les villes et les campagnes, au Sud et au Nord.

C'est ainsi qu'en 1877 la classe dirigeante U.S. a retiré les troupes fédérales des anciens États confédérés. Ces troupes avaient été la force armée dressée entre les masses laborieuses noires libérées d'un côté et des bandes armées réactionnaires de l'autre. Pendant les dernières décennies du dix-neuvième siècle et une bonne partie du vingtième, des générations successives d'organisations comme les Chevaliers du camélia blanc, le Ku Klux Klan, les Conseils des citoyens blancs et bien d'autres — avec ou sans nom — ont fait régner une terreur implacable contre la population noire du Sud.

C ETTE VIOLENCE SYSTÉMATIQUE a aidé les capitalistes à réduire les travailleurs qui étaient noirs à un état de quasi-péonage comme métayers et fermiers et leur a permis d'imposer le système de ségrégation dit de Jim Crow dans un État du Sud après l'autre. L'organisation de ces bandes avait également pour but de démoraliser tout travailleur ou agriculteur ayant une conscience de classe et qui n'était pas noir où que ce soit dans le Sud — les « amoureux des Nègres » — et de les empêcher de se joindre aux travailleurs qui étaient noirs dans des luttes communes pour la terre, l'éducation publique, l'obtention de crédit et de tarifs ferroviaires à bon marché, les droits syndicaux ou quoi que ce soit dans l'intérêt des opprimés et des exploités.

Certains parmi vous ont peut-être déjà vu l'exposition de photos de lynchages présentée à New York cette année et qui fera le tour d'autres villes. Sinon, je vous conseille d'aller la voir [29]. Beaucoup des photos de ces atrocités sont d'authentiques cartes postales, produites par les organisateurs des lynchages et diffusées largement pour populariser et légitimer le lynchage comme une « activité familiale » — oui, une activité familiale — et pour tenter de limiter la résistance des Noirs à travers le Sud. Elles nous rappellent avec force l'histoire que nous discutons maintenant. Le texte qui accompagne les photos et d'autres sources d'information montrent que la décision de voler les terres d'agriculteurs noirs a souvent précipité les lynchages.

En travaillant avec des agriculteurs qui luttent pour garder leur terre, nous devons connaître cette histoire — notre histoire. La terre n'est pas seulement un moyen de gagner sa vie. Ce n'est pas uniquement un symbole. La résistance actuelle est souvent un maillon dans des batailles qui remontent à plus de 125 ans. Combinées aux luttes des travailleurs et du mouvement ouvrier, ces batailles acharnées de générations d'agriculteurs ont contribué à contrer quelques-unes des conséquences les plus réactionnaires de la défaite de la reconstruction radicale qui auraient infligé des coups encore plus sévères qu'elles ne l'ont fait aux luttes des travailleurs aux États-Unis. Et ces batailles ont aidé à rendre possible plusieurs dizaines d'années plus tard une nouvelle vague de luttes qui a fait s'abattre le système de Jim Crow avant la fin des années 60.

---

29. L'exposition « Without Sanctuary: Photographs and Postcards of Lynching in America » [Sans sanctuaire : photos et cartes postales de lynchages en Amérique] était encore en tournée aux États-Unis au milieu de 2004. Voir aussi James Allen et al., *Without Sanctuary: Lynching Photography in America* [Sans sanctuaire : la photographie des lynchages en Amérique], Santa Fe, Twin Palms, 2000.

Les batailles pour les droits civils des années 50, 60 et 70 dans les comtés ruraux et dans les petites et grandes villes à travers le Sud ont aidé à leur tour à transformer les possibilités aussi bien pour les travailleurs que les agriculteurs à travers ce pays et dans d'autres parties du monde qui étaient attaqués par Washington. Entre autres choses, les gains de ce mouvement de masse prolétarien ont jeté les bases d'une lutte commune, avec des revendications communes, des petits agriculteurs aux États-Unis aujourd'hui, comme élément d'une alliance des travailleurs et des agriculteurs résistant à la course aux profits de la classe capitaliste. Ce mouvement a attiré, politisé et encouragé plusieurs générations de jeunes qui allaient fournir l'énergie des luttes contre la guerre du Viêt-nam, pour les droits démocratiques, pour l'émancipation des femmes et pour une radicalisation politique dans ce pays.

L̲ES CONSÉQUENCES DE L'HISTOIRE demeurent vivantes aussi longtemps que les questions de classe posées par des conflits politiques et sociaux géants restent non résolues et que les vraies leçons de classe deviennent une arme dans les mains des militants d'aujourd'hui. Toutes les conséquences de la défaite de la reconstruction radicale ne disparaîtront par exemple qu'après la victoire d'une révolution ouvrière dans ce pays. C'est pourquoi les luttes contre des gouvernements des États qui arborent le drapeau de l'armée des États confédérés ou contre des monuments ou contre des jours fériés en hommage à des dirigeants politiques ou militaires de la rébellion des esclavagistes continuent à avoir de l'importance dans la lutte des classes de nombreuses décennies — en fait presque un siècle et demi — plus tard.

Notre politique commence avec le monde 73

Ces batailles en caroline du sud, au Mississippi et ailleurs ne sont pas le fait de Noirs et de défenseurs des droits civils qui veulent offenser quelqu'un dans le Sud dont l'arrière-papi était un soldat des États confédérés qui « a combattu avec courage » et était « un homme bon [30]. » Beaucoup de soldats confédérés ont en effet

---

[30]. Le 17 janvier 2000, environ 50 000 personnes ont manifesté à Columbia, la capitale de la Caroline du Sud, pour exiger que le drapeau de guerre des confédérés soit retiré du Capitole de l'État. En 1962, l'assemblée législative de l'État, entièrement composée de blancs, avait hissé ce drapeau au-dessus de l'édifice pour montrer son soutien à la ségrégation de Jim Crow et pour encourager des attaques contre le mouvement pour les droits des Noirs en expansion. En juillet 2000, par vote de l'assemblée législative de l'État, l'étendard des confédérés a été abaissé et hissé à un mât sur le terrain du Capitole près d'un monument aux soldats confédérés morts. Parmi les organisateurs de la campagne en Caroline du Sud se trouvaient des membres de la section locale 1422 de l'Association internationale des débardeurs (ILA) à Charleston. Trois jours après la marche de janvier 2000, 600 policiers en tenue anti-émeute ont donné l'assaut aux membres de l'ILA qui avaient établi un piquet près des docks pour protester contre l'emploi de briseurs de grève par une compagnie de navigation. Plusieurs syndicalistes ont été blessés, huit ont été arrêtés et cinq ont été inculpés d'instigation à l'émeute, une infraction grave. Un mois avant la conférence où a été donné la présentation publiée ici, 5 000 syndicalistes et leurs partisans — y compris des travailleurs impliqués dans d'autres grèves et batailles syndicales — ont participé à une manifestation et à un rassemblement à Columbia sous la revendication : « Libérez les cinq de Charleston ! » En novembre 2001, les procureurs ont laissé tomber les accusations criminelles fabriquées de toute pièce, les remplaçant par des délits que les travailleurs n'ont pas contestés devant les tribunaux. Chacun d'eux a été condamné à payer une amende de 100 $.

En avril 2001, une proposition de garder le drapeau de l'État du Mississippi, où figure le drapeau de l'armée des confédérés,

combattu avec courage et étaient des hommes bons. Dans leur grande majorité, ils étaient les fils de travailleurs et d'agriculteurs comme la plupart des soldats de toutes les armées modernes. Qu'est-ce que ceci a à voir avec la signification politique meurtrière du drapeau de l'armée des confédérés, une armée défaite et écrasée une fois pour toutes il y a 136 ans ?

Arboré aujourd'hui, ce drapeau est un emblème et un encouragement pour les forces réactionnaires qui sont déterminées à préserver autant que possible les conséquences d'une contre-révolution sanglante qui a déterminé la trajectoire de la lutte de classe aux États-Unis au cours du vingtième siècle — et qui agissent aujourd'hui à partir de cette réalité. C'est un symbole de la lutte menée par les ennemis mortels des travailleurs pour renverser les gains du mouvement pour les droits civils et pour diviser et affaiblir la classe ouvrière dans ce pays. C'est la bannière sous laquelle ont été lancées il y a à peine quelques années des attaques brutales et sanglantes contre les Noirs. Et surtout, c'est la bannière sous laquelle *sont* et *seront* souvent lancées de telles attaques racistes, jusqu'à ce que les travailleurs de ce pays arrachent les racines capitalistes de ce torchon du Dixie et les remplacent par la dictature du prolétariat.

LES TRAVAILLEURS ET LES AGRICULTEURS dotés d'une conscience de classe cherchent toujours à fonctionner dans le présent comme étant l'histoire. Nous n'abordons pas le présent comme simplement un *moment*. Nous n'abordons pas les phénomènes sociaux et l'activité

---

a été adoptée dans une proportion de deux contre un lors d'un référendum dans tout l'État.

politique comme une collection de photos à regarder une par une. Agir ainsi serait s'incliner devant le pragmatisme insufflé dans la conscience des travailleurs par le fonctionnement et l'histoire mêmes du système capitaliste aux États-Unis, un pragmatisme qui guide le fonctionnement de la bourgeoisie elle-même. La dernière chose à laquelle on s'attend des travailleurs et des agriculteurs de ce pays, c'est qu'ils réfléchissent en termes historiques — qui sont contradictoires et complexes — encore moins qu'ils agissent à partir de cette compréhension. Toute l'histoire que nous sommes censés connaître et accepter peut se résumer ainsi : « L'Amérique est la terre de l'égalité des chances. Si vous travaillez fort et évitez les ennuis, vous pouvez avancer et peut-être monter vous-même votre entreprise et embaucher un jour des travailleurs. » C'est tout.

Nous participons souvent à des batailles qui remontent à plusieurs générations — que ce soit une lutte d'agriculteurs noirs, une bataille de mineurs de charbon ou d'uranium pour défendre des gains durement acquis comme des droits syndicaux et des allocations de santé subventionnées par le gouvernement, ou des batailles de plusieurs décennies autour d'une usine de textile ou d'un abattoir. Quand nous nous retrouvons au milieu de telles batailles, nous devrions en retirer une satisfaction particulière et en apprendre tout ce que nous pouvons. Ne serait-ce que parce que la découverte de cette histoire vivante peut être une source d'humilité prolétarienne — ainsi qu'un rappel de notre responsabilité. Parce que cette connaissance aide des travailleurs comme nous à comprendre que des actions individuelles ne pèsent pas lourd à moins de faire partie d'un effort collectif, discipliné et prolongé. Et que l'irresponsabilité ou l'indiscipline d'aujourd'hui aboutit aussi à faire inutilement couler à nouveau le sang déjà versé. Ce qui est un crime grave.

Renouveler le mouvement communiste mondial

Pour la première fois depuis la fin des années 20, le mouvement communiste a l'opportunité de répondre à ses obligations et responsabilités internationales dans un monde où nos efforts ne sont plus entravés par l'énorme pouvoir des appareils du stalinisme mondial et par la confusion systématique du communisme avec le stalinisme. Ceci crée de nouvelles ouvertures politiques dont nous ne pourrons saisir l'ampleur qu'avec le temps et dans l'action.

C'est seulement avec la victoire des bolcheviks en octobre 1917 que le monde dans son ensemble est devenu pour les communistes une arène de travail pratique d'organisation de parti. Avec cette victoire, la construction de partis communistes a commencé à se poser dans un pays après l'autre dans toutes les régions du monde. La tâche consistait à recruter les cadres et à forger la direction de partis prolétariens capables d'organiser les travailleurs et les paysans pour qu'ils suivent l'exemple des bolcheviks. Les travailleurs et les paysans qui avaient la plus grande conscience de classe et qui étaient les plus désintéressés et les plus compétents politiquement étaient recrutés aux sections nationales de l'Internationale communiste — dans les pays impérialistes et dans les nations opprimées luttant pour leur libération de la domination impérialiste. La voie prolétarienne désintéressée attirait politiquement les jeunes ayant un esprit révolutionnaire et venant d'horizons différents. Inspirés par l'intransigeance politique et le dévouement des travailleurs et des paysans de la jeune république soviétique que dirigeaient les bolcheviks, ils étaient gagnés à la perspective de diffuser son exemple et de reproduire ses actions à travers le monde.

Mais les trois années d'une guerre civile livrée avec le soutien des armées impérialistes par les capitalistes et les propriétaires terriens vaincus ont fait énormément de victimes dans l'avant-garde de la classe ouvrière et parmi les travailleurs des villes et des campagnes dans toute la jeune république soviétique. La mort et la destruction ont coïncidé avec la défaite de révolutions en Allemagne et en Hongrie et l'écrasement d'une vague pré-révolutionnaire d'occupations d'usines en Italie. Au milieu des années 20, après la mort de Lénine, le parti et l'État en Union soviétique ainsi que la direction de l'Internationale communiste ont commencé à être dominés par une caste sociale privilégiée en expansion, un changement qui s'est consolidé au cours des dernières années de la décennie. Cette bureaucratie stalinienne a poursuivi de plus en plus des politiques contre-révolutionnaires qui subordonnaient les luttes des travailleurs et des paysans au pays et à l'étranger au maintien de ses privilèges de caste, tout comme elle subordonnait les besoins révolutionnaires des travailleurs aux objectifs nationaux de plus en plus étroits de la diplomatie russe. Elle s'est attaquée à ceux et celles qui luttaient pour continuer le cours internationaliste prolétarien de Lénine et des bolcheviks. Elle a chassé les plus faibles et les plus vulnérables hors de la politique révolutionnaire. Et dans les années 30, elle a lancé à coups de procès et de purges, d'exécutions, de camps de travail et d'assassinats une campagne de terreur qui a décimé les forces de l'avant-garde du prolétariat.

Sous la domination stalinienne, la direction de l'Internationale communiste est devenue, pour employer les mots de Léon Trotsky, à la fois une organisatrice de défaites — en Chine, en Allemagne, en France, en Espagne et ailleurs — et une machine à tuer internationale. En dehors de l'Union soviétique, les victimes de la police secrète de Staline étaient avant tout l'avant-garde communiste des luttes ouvrières, paysannes et de libération nationale autour du monde.

Pendant toute cette période cependant, les partis de l'Internationale communiste ont continué d'attirer et de recruter la grande majorité des combattants les plus expérimentés parmi les travailleurs et les opprimés à travers le monde. Le mouvement révolutionnaire international aurait subi un coup beaucoup moins dévastateur si les staliniens avaient ouvertement rejeté le marxisme et s'ils avaient cessé de s'appeler communistes et de s'identifier à Lénine, à son cours et à la défense des conquêtes de la révolution d'octobre. Mais ce n'est pas ce qui est arrivé. La caste bureaucratique, a dit Trotsky en 1937, « a intimidé l'avant-garde révolutionnaire, foulé aux pieds le marxisme et prostitué le Parti bolchevique [31]. »

Non seulement les staliniens ont-ils continué à administrer l'État ouvrier et le parti soviétiques, mais ils ont prétendu être les porteurs authentiques de la continuité du bolchevisme. Ils avaient besoin de cette couverture puisqu'ils ne pouvaient dire ce qu'ils étaient vraiment : une bureaucratie parasitaire, un obstacle inutile à l'avancement de la productivité du travail dans les villes et campagnes de l'Union soviétique ; un traître aux forces révolutionnaires à l'extérieur chaque fois que cela servait ses intérêts nationaux et diplomatiques étroits ; un instrument international de violence contre ses adversaires

---

31. Leon Trotsky, « Stalinism and Bolshevism » [Stalinisme et bolchevisme], *Writings of Leon Trotsky (1936–37)* [Écrits de Léon Trotsky, 1936-1937], New York, Pathfinder, 1970, 1978, p. 537 [tirage de 2012].

communistes ; une idéologie et un appareil sans aucune fonction historique nécessaire.

LES TRAVAILLEURS, LES PAYSANS et les jeunes révolutionnaires attirés par le marxisme et qui cherchaient un parti pour les aider à lutter de manière plus efficace ont continué à affluer en grand nombre dans les rangs des partis communistes à la fin des années 20 et au cours des années 30. Seule une poignée relative de cadres de ces partis comme Jim Cannon et d'autres a défini une orientation prolétarienne, indépendante des besoins de l'appareil stalinien à Moscou et ailleurs, dans le but de maintenir le cours suivi par Lénine. C'est la source de la continuité communiste du Parti socialiste des travailleurs — de Marx et Engels au mouvement bolchevique du temps de Lénine, jusqu'à aujourd'hui.

Quelques membres des partis communistes à la fin des années 20 et au cours des années 30 ont quitté leur parti démoralisés et ont soit abandonné toute activité politique, soit dérivé vers diverses variétés de syndicalisme bourgeois ou de politique bourgeoise. Mais beaucoup sont restés dans les organisations staliniennes pendant des périodes variées et ont cherché à justifier chaque nouvelle trahison et chaque nouveau crime commis. Ils ne pouvaient se regarder dans le miroir et admettre ce qu'était devenu le mouvement qu'ils avaient organisé leur vie à construire et faire progresser. Et ni eux ni leurs enfants ne l'admettront jamais.

J'espère que les participants au congrès auront l'occasion de voir le film *Terroristes à la retraite* que nous présenterons plusieurs fois pendant la conférence. Il raconte l'histoire de plusieurs immigrés communistes d'Europe de l'Est, la plupart juifs, qui ont fait partie du mouvement de résistance antifasciste à Paris pendant la deuxième guerre mondiale. Une des choses à noter dans ce film — et si vous faites très attention, vous serez aussi frappés par beaucoup d'autres observations sur le stalinisme — c'est la description que donnent ces travailleurs (dont la plupart incidemment étaient des travailleurs de la confection) de la manière dont ils ont cherché à justifier toutes sortes de choses qui leur arrivaient et se passaient autour d'eux et dont ils craignaient d'affronter les implications. Comment ils ont essayé au début de fermer les yeux sur la traîtrise nationaliste des misleaders staliniens de la résistance française, qui n'ont pas levé le petit doigt pendant la guerre pour protéger ces cadres nés à l'étranger et qui ont refusé par la suite de reconnaître leurs contributions et leurs sacrifices. Plusieurs décennies plus tard, quelques-uns de ces travailleurs — alors tous âgés de plus de 60 ou 70 ans — cherchaient toujours confusément à trouver une façon quelconque de justifier ces événements, de justifier leur propre vie politique.

En conséquence de ce que je viens de décrire ici, plusieurs générations de travailleurs à l'esprit révolutionnaire ont été brisées politiquement par le mouvement stalinien. Ils ont été détruits en tant que révolutionnaires prolétariens et n'ont pu être recrutés au communisme. Et leur « continuité » — basée en définitive sur la force exercée à partir de Moscou ou de Beijing et non sur un programme prolétarien — est en train de disparaître aujourd'hui dans les ténèbres.

Ce que la révolution cubaine a rendu possible

Pendant les cinq ans qui ont suivi la deuxième guerre mondiale, des révolutions ouvrières et paysannes en Chine, en Corée, au Viêt-nam, en Yougoslavie et en Albanie et le renversement des rapports sociaux capitalistes dans plusieurs autres pays d'Europe de l'Est et d'Europe centrale ont commencé à restreindre la capacité de Moscou et des partis qui lui étaient soumis d'agir comme ils l'avaient fait pendant les deux décennies précédentes. Le caractère monolithique du stalinisme mondial a commencé à se fracturer. Mais ces conflits intenses et parfois violents entre « communismes nationaux » rivaux n'ont pas marqué un progrès dans la construction d'un mouvement prolétarien révolutionnaire — malgré les espoirs entretenus et les efforts déployés initialement pour défendre les révolutions yougoslave, chinoise et vietnamienne.

Mais quelque chose de fondamental a changé avec la victoire de la révolution cubaine en janvier 1959. Maintes fois déjà nous avons parlé et écrit au sujet de la signification de cette révolution, mais permettez-moi aujourd'hui de l'aborder sous un angle particulier. La victoire à Cuba est arrivée à une époque où l'État ouvrier soviétique était encore assez fort pour fournir une aide militaire et économique substantielle à un gouvernement révolutionnaire qui était un ennemi de Washington, dans la mesure où Moscou considérait qu'une telle action était dans ses intérêts diplomatiques. La révolution a par ailleurs triomphé à un moment où le mouvement stalinien mondial avait été suffisamment affaibli pour que sa machine à tuer ne puisse plus répondre aux menaces que représentaient pour sa domination ceux qui suivaient un cours internationaliste prolétarien, en organisant avec succès l'élimination de Fidel Castro, Raúl Castro, Che Guevara et d'autres dirigeants centraux du Mouvement du 26 juillet, de l'armée rebelle et des forces auxquelles ils étaient directement liés. Les staliniens n'étaient pas en mesure de faire à Cuba ce qu'ils avaient fait si souvent auparavant — et qu'ils allaient réussir à faire à nouveau une vingtaine d'années plus tard lorsqu'ils ont assassiné Maurice Bishop et détruit la révolution à la

Grenade. Le mouvement stalinien était trop faible et la direction révolutionnaire à Cuba trop compétente.

Ce n'est pas parce que les staliniens n'ont pas essayé. Ils ont essayé. Ils ont agi dans ce sens pendant les premières années de la révolution cubaine — en 1962 et encore en 1968. Mais la faction constituée autour d'Aníbal Escalante — un dirigeant central de l'ancien Parti socialiste populaire (PSP) stalinien qui avait été nommé secrétaire organisationnel du nouveau parti révolutionnaire fusionné — s'est avérée trop faible pour réussir le coup, même avec des appuis internationaux obtenus par l'intermédiaire de l'ambassade tchécoslovaque à La Havane. Nous avons très souvent écrit sur cette question [32]. Personne ne peut prouver que la « microfaction », comme on l'appelle à Cuba, aurait tué Fidel, Raúl et Che si le rapport de force avait été différent. Mais l'histoire nous montre que les dirigeants cubains n'allaient pas rester sans rien faire face à un coup contre-révolutionnaire venant de l'intérieur et accepter que les travailleurs et les paysans soient menés à la défaite.

Le cours révolutionnaire de la direction à Cuba a constitué un point tournant décisif du point de vue du renouvellement du mouvement communiste international. Aujourd'hui, un peu plus de 40 ans après son triomphe, la révolution cubaine ne s'est pas contentée de « survivre ». Elle continue d'être et d'agir comme un exemple

---

32. Jack Barnes, « The Fight for a Workers' and Farmers' Government in the United States » [La lutte pour un gouvernement des travailleurs et des agriculteurs aux États-Unis], *New International*, n° 4, 1985, p. 270-274 [tirage de 2008] ; et la section « Une leçon de la révolution cubaine » dans Steve Clark, « Le deuxième assassinat de Maurice Bishop, » *Nouvelle Internationale*, n° 3, 1988, 1994, p. 124-131 [tirage de 2015].

révolutionnaire et internationaliste pour les travailleurs à travers le monde, y compris ici aux États-Unis.

La continuité révolutionnaire et notre héritage prolétarien

Le mouvement stalinien international s'est désintégré au point de ne plus faire la seule chose qui depuis des dizaines d'années couvrait d'un vernis d'authenticité ses fausses prétentions d'être le porteur de la continuité communiste : il ne publie même plus les oeuvres de Marx, Engels et Lénine. Il ne publie en fait rien qui soit politique. Il n'y a plus de parti russe, ni allemand ni chinois qui alloue des ressources pour promouvoir et vendre des livres et des brochures programmatiques, encore moins pour les utiliser comme subventions indirectes à des favoris à l'étranger. Même quand le mouvement stalinien publiait cette littérature, il ne le faisait évidemment jamais dans le but d'éduquer et d'armer politiquement de nouvelles générations de révolutionnaires prolétariens. Ce point est très clairement illustré par l'une des présentations à l'arrière de la salle de conférence, dont chacun ici devrait prendre le temps de profiter et apprendre au cours des prochains jours. Cette exposition préparée par les volontaires du projet de réimpression des éditions Pathfinder comprend la superbe couverture de *Lenin's Final Fight* [Le dernier combat de Lénine] de Pathfinder, avec une grande flèche sur laquelle on peut lire : « Voici un livre qui veut être lu. » À côté d'elle, il y a l'horrible couverture de papier ordinaire rougeâtre de la dernière édition soviétique de *Que faire ?* de Lénine, avec une flèche disant : « Ce livre hurle : « Ne me lisez pas ! »

Parfait. Ces livres *n'étaient pas* faits pour être lus. Ils étaient produits comme des éléments de la litanie en langues vulgaires. Les laïcs ne pouvaient les comprendre que par le biais d'interprétations consacrées, et périodiquement modifiées, par Moscou (ou Beijing). Ils étaient les cantiques sacrés venant du choeur, alors que le Verbe se transmettait de l'autel : les rationalisations servant à justifier le cours de collaboration de classe des fronts populaires, les procès de Moscou, le pacte Staline-Hitler, le fait d'être les exécutants les plus brutaux des engagements à ne pas faire grève pendant la deuxième guerre mondiale, le tintement des verres de champagne avec Nixon pendant que les bombes pleuvaient sur le Viêt-nam, la trahison de l'initiative révolutionnaire du Che et de Fidel en Bolivie, la campagne pour Lyndon Johnson et bien d'autres choses.

Aussi peu attrayants qu'aient pu être ces livres et brochures, ils étaient publiés dans un but ornemental. La forme découlait de la fonction. Ils n'avaient pas pour but de convaincre des groupes de travailleurs du rang et de travailleurs-bolcheviks de les lire, de les discuter et de les intérioriser comme guide pour l'action politique. La présentation faite par les volontaires du projet de réimpression dit la simple vérité : ces livres n'étaient pas faits pour les travailleurs ; ils étaient faits pour la forme.

Quant à nous, nous faisons tous ces efforts et nous allouons toutes ces ressources pour rendre nos livres et brochures attrayants et lisibles parce que nous sommes déterminés à les mettre entre les mains d'un nombre croissant de travailleurs, d'agriculteurs et de jeunes d'avant-garde qui les veulent et en ont besoin. Nous en sommes fiers. Nous jetons des ponts pour aider à les lire et comprendre : les sections de photos soigneusement recherchées et conçues avec imagination ; des couvertures frappantes, parfois décorées d'oeuvres d'art ; l'attention aux détails dans la présentation du texte. Rien de tout cela n'est le monopole des riches au pouvoir.

Le mouvement stalinien en décomposition ne publie pratiquement même plus ces éditions des classiques du marxisme « en papier d'emballage brun. » Aux États-Unis ceci remonte à quelques années, avant même le remplacement de Gus Hall comme président national du PC par Sam Webb au début de 2000 et la mort de Hall peu après. Dans un rapport à la direction nationale du parti en 1996 publié dans la revue mensuelle *Political Affairs* [Affaires politiques], Hall s'est plaint : « La vérité complète en ce qui concerne notre superbe librairie [sur la 23e rue à Manhattan] doit inclure le fait qu'elle ne fait pas de profit. Elle ne paie pas de loyer. [...] Elle ne contribue pas au bien-être financier de notre parti. » Il en va de même pour International Publishers, a ajouté Hall : « En dépit de l'importance et des avantages d'avoir une maison d'édition du parti, le fait est que le parti n'en tire aucun avantage financier. » Hélas ! Il n'y avait plus de subventions de Moscou !

Abandon ouvert de *Que faire* ?

Cette tendance s'est accélérée avec Webb qui a amené les instances de direction du CPUSA à rejeter ce qu'il appelle la « pureté doctrinale » et les « réponses toutes faites d'hier, » quand le cours du parti était encore façonné par « les politiques sectaires du mouvement communiste dans sa période de formation. » Pour la première fois, le PC met ouvertement de côté Marx, Engels et Lénine ne serait-ce que comme point de référence rituelle pour l'action politique — pas seulement dans les faits, ce qui a été le cas depuis 70 ans, mais de plus en plus en paroles aussi. Le plus révélateur, c'est que la direction du CPUSA ne fait rien pour que les membres de la Ligue des jeunes communistes lisent les classiques du marxisme.

Webb rejette par exemple ouvertement le point sur lequel Lénine revient avec insistance dans *Que faire ?* et dans tous ses écrits : que la classe ouvrière ne peut pas développer des idées communistes simplement à partir de ses propres expériences et des leçons qu'elle a apprises dans une industrie particulière, dans une région ou un pays en particulier ou même dans une série de dures batailles de classe. Ce faisant, Webb rejette une des fondations politiques centrales du bolchevisme. Il nie ouvertement que la conscience de classe prolétarienne doive être apportée au sein de l'avant-garde ouvrière combattante par un parti communiste, un parti qui participe aux luttes qui se développent le long des lignes de résistance prolétarienne contre les dirigeants impérialistes et qui généralise les leçons des batailles ouvrières des 150 dernières années, des leçons tirées du monde entier. Il nie qu'un tel parti doive constamment analyser et expliquer les relations entre *toutes* les classes de la société capitaliste pour guider son propre cours *ouvrier* indépendant. En bref, au centième anniversaire de *Que faire ?*, le CPUSA a décrété qu'il faut le mettre à la poubelle et pas seulement le laisser jaunir sur une étagère.

Mais la vérité, c'est que pour les communistes le point de Lénine est aussi décisif aujourd'hui que jamais. Les radicaux petits-bourgeois ont souvent essayé de tourner ce que Lénine disait en une assertion selon laquelle des gens comme eux — des gens de la classe moyenne — doivent apporter les idées révolutionnaires à la classe ouvrière. Mais c'est une falsification intéressée. Au début du vingtième siècle, Lénine a affronté des courants grandissants de réformistes et de trade-unionistes au sein de la direction du mouvement ouvrier révolutionnaire en Russie. Face à cette situation, il a réaffirmé avec force le coeur politique du Manifeste du parti communiste : que les communistes n'ont pas d'intérêts séparés de ceux du prolétariat tout entier.

Que notre programme et notre stratégie, comme le dit le manifeste, « ne sont que l'expression générale des véritables rapports issus d'une lutte de classe qui existe, d'un mouvement historique qui s'opère sous nos propres yeux. » Et que donc les communistes « ont sur la grande masse du prolétariat l'avantage de comprendre clairement la ligne de marche, les conditions et les résultats généraux ultimes du mouvement prolétarien, » conduisant à la conquête révolutionnaire du pouvoir par la classe ouvrière [33].

C'est le point de Lénine : le besoin d'un parti communiste qui fait partie intégrante de l'avant-garde de masse de la classe ouvrière en action et lui apporte la conscience politique révolutionnaire. Le besoin d'un parti discipliné qui peut aider les travailleurs à voir et à comprendre les luttes en cours et les défis actuels dans l'industrie, la région et le pays où ils vivent, travaillent et luttent comme faisant *partie du monde* et d'une histoire *en cours*. À mesure que la taille et le poids social de la classe ouvrière augmentent par rapport aux autres classes, comme c'est le cas depuis un siècle, ce travail peut être effectué et sera effectué par des partis qui sont de plus en plus prolétariens dans la composition de leurs membres et de leur direction. Aux États-Unis, les travailleurs constitueront un pourcentage de plus en plus élevé de la direction du parti révolutionnaire, contrairement à la direction centrale de la plupart des partis marxistes jusqu'à présent.

Les leçons cumulatives de 150 ans du mouvement ouvrier

Aujourd'hui, lorsqu'un travailleur, un agriculteur ou un jeune s'implique dans des luttes et commence à

---

33. Karl Marx et Friedrich Engels, *Le Manifeste communiste*, p. 47-48.

s'intéresser à des idées plus larges, ce n'est plus dans un parti subordonné à la caste stalinienne et aux institutions de l'Union soviétique ou de la Chine qu'il trouvera le marxisme. Ce n'est pas là que les militants trouveront les livres et les brochures qui peuvent non seulement leur ouvrir tout un monde nouveau, mais leur présentent aussi le message prolétarien sur comment changer ce monde. Toutes les expériences et leçons de direction accumulées par le mouvement communiste pendant des décennies de construction d'un parti prolétarien, tout le travail politique que nous avons investi pour préserver la continuité vivante du mouvement révolutionnaire des travailleurs, tous les efforts que nous avons consacrés à maintenir une maison d'édition et transformer une imprimerie — toutes ces conquêtes portent leurs fruits de façons nouvelles.

Plus tard pendant la conférence Jack Willey arrivera d'Algérie, de retour d'un voyage de solidarité de trois jours au Sahara occidental pendant le congrès de l'Union de la jeunesse du Sahara occidental (UJSARIO). La semaine précédente, il avait accompagné Jacob Perasso, de la direction nationale des Jeunes socialistes, et Anne Howie, représentant les Jeunes socialistes du Royaume-Uni, à Alger pour la dernière réunion préparatoire internationale avant le quinzième festival mondial de la jeunesse et des étudiants qui aura lieu du 8 au 16 août [34].

Jack, Anne et Jacob relatent qu'ils ont eu le même genre d'expérience que celles que nous avons eues lors d'autres réunions internationales auxquelles nous avons participé au cours des dernières années — que ce soit une réunion de la Fédération mondiale de la jeunesse dé-

---

34. Plus tard cet été-là, 6 700 jeunes de 143 pays ont participé au quinzième festival de la jeunesse et des étudiants à Alger.

mocratique, une conférence de solidarité à Cuba ou une foire du livre au Mexique ou à Téhéran. Des jeunes du monde entier qui cherchent de la littérature communiste et révolutionnaire viennent à notre table. Ils veulent le *Manifeste du parti communiste*, *Socialisme utopique et socialisme scientifique*, *L'État et la révolution*, *L'impérialisme, stade suprême du capitalisme* et d'autres oeuvres de Marx, Engels et Lénine publiées ou distribuées par les éditions Pathfinder. Ils achètent *Le désordre mondial du capitalisme*, *Cuba et la révolution américaine à venir*, *Le visage changeant de la politique aux États-Unis* et différents numéros de *Nouvelle Internationale* — dans toutes les langues dans lesquelles nous publions ces livres, brochures et revues. Ils deviennent intéressés par l'*Histoire de la révolution russe*, *La révolution trahie* et *Défense du marxisme* de Léon Trotsky. Ils choisissent des livres de Fidel Castro et d'Ernesto Che Guevara, et ils sont souvent surpris de trouver des livres et des brochures de Thomas Sankara du Burkina Faso et de Maurice Bishop de la Grenade. Ils arrachent les livres de Malcolm X — les arrachent littéralement de la table — et nous leur présentons des livres de James P. Cannon et de Farrell Dobbs. Et la liste continue.

Nous CONTINUONS à récolter les fruits politiques des efforts que nous avons investis au début des années 90 pour sauver tellement de tomes des *Oeuvres* de Marx, Engels et Lénine ainsi que d'autres classiques du marxisme qui s'acheminaient autrement vers les usines de recyclage de l'ancienne Union soviétique pour y être mis au pilon. Plusieurs de ces livres n'existent plus aujourd'hui ou sont pratiquement impossibles à trouver.

L'effondrement des partis et des appareils gouvernementaux staliniens nous permet de réclamer pour le mouvement communiste une continuité politique avec les révolutions qui ont suivi la deuxième guerre mondiale en Azerbaïdjan, en Algérie, à la Grenade, au Nicaragua et au Burkina Faso. Les travailleurs du monde entier ont aussi besoin de connaître et d'assimiler le bilan de la montée et de la chute de ces gouvernements révolutionnaires populaires qui, arrivés à une certaine étape, ont été incapables de résister aux conséquences d'une combinaison de pressions impérialistes et de trahisons staliniennes. Ici encore, c'est le mouvement communiste qui a suivi de près ces expériences de lutte de classe, comme participant et comme partisan. C'est notre mouvement qui a enregistré les leçons à en tirer et les paroles de leurs dirigeants afin de renforcer la capacité des révolutionnaires partout où ils se trouvent de s'identifier à elles et de les utiliser dans les batailles à venir.

Comprendre ces révolutions et les réclamer comme nôtres devient encore plus important chaque année. De plus en plus de membres du mouvement communiste n'étaient pas impliqués dans la politique révolutionnaire quand ces événements ont eu lieu et ils n'ont pas de souvenir vivant de Ahmed Ben Bella, de Maurice Bishop ou de Thomas Sankara. Ils n'ont pas de souvenir vivant des rapports et analyses approfondis de Joe Hansen sur le gouvernement des travailleurs et des paysans en Algérie dans les pages de *World Outlook* [Perspective mondiale] ou de notre couverture hebdomadaire en direct de la révolution nicaraguayenne par le bureau de Managua du *Militant* et de *Perspectiva Mundial*[35]. Ce sera une expérience d'apprentissage à multiples facettes.

---

35. Joseph Hansen, « The Algerian Revolution and the Character of the Ben Bella Regime » [La révolution algérienne et la nature du régime de Ben Bella] dans *The Workers and Farmers*

Les générations qui n'ont pas traversé l'expérience de ces révolutions les découvriront du point de vue de ce qui arrive dans la politique mondiale aujourd'hui et de ce que font les communistes pour y répondre. Les générations qui ont connu ces événements et qui ont travaillé avec les cadres et les dirigeants de ces révolutions les redécouvriront avec ces camarades, mais d'un point de vue différent.

PLUSIEURS DES JEUNES qui iront en Algérie cet été pour le festival mondial de la jeunesse découvrent par exemple pour la première fois la guerre de libération nationale livrée par le peuple algérien et la défaite historique qu'il a infligée à l'impérialisme français et qui a mené à l'indépendance en 1962. Ils découvrent les trahisons de la lutte pour l'indépendance de l'Algérie par les partis stalinien et social-démocrate en France, comment s'est érodé et a été renversé le gouvernement des travailleurs et des paysans dirigé par Ben Bella et comment ces événements

---

Government [Le gouvernement des travailleurs et des agriculteurs], New York, Pathfinder, 1974 ; « The Algerian Revolution from 1962 to 1969 » [La révolution algérienne de 1962 à 1969], ibid., p. 67-73 ; « Les gouvernements des travailleurs et des agriculteurs dans le monde de 1945 à 1965, » *Nouvelle Internationale*, n° 1, New York, Pathfinder, 1985, 1991, p. 219-237 ; Jack Barnes, *For a Workers and Farmers Government in the United States* [Pour un gouvernement des travailleurs et des agriculteurs aux États-Unis], New York, Pathfinder, 1985, p. 56-57. On peut obtenir sur microfilm des articles signés et non signés de Joseph Hansen, un dirigeant du SWP, dans la revue d'information *World Outlook* dans des bibliothèques de recherche ou par le biais de systèmes de prêt entre bibliothèques. Il faut demander la série UMI sur Microform, numéro de commande IN6523, *Intercontinental Press*, rouleau n° 1 (27 septembre 1963 au 29 octobre 1965).

continuent encore aujourd'hui de façonner la politique non seulement en Algérie mais aussi en France.

L ES TRAVAILLEURS ET LES JEUNES à l'esprit révolutionnaire de pays comme l'Algérie, le Nicaragua, le Burkina Faso et des régions avoisinantes — dont beaucoup n'ont jamais eu accès à leur propre histoire dans les mots des dirigeants centraux de ces révolutions ou à une honnête critique communiste de leurs trajectoires — tireront les leçons de ces expériences ensemble avec nous. Certains d'entre eux auront peut-être entendu des récits par des membres de leurs familles ou par des amis un peu plus âgés. Mais la plupart n'auront jamais eu un accès de première main ni à l'histoire de leur propre pays et aux leçons à en tirer ni à la continuité révolutionnaire dont ces luttes font partie. Ceux d'entre eux que nous rencontrons ici dans ce pays dans les usines, à des ventes aux portes d'entreprises, à des tables au coin des rues de quartiers ouvriers ou sur les campus peuvent parfois être convaincus de participer à l'effort de construire un parti prolétarien pour faire une révolution ici même aux États-Unis.

Les communistes n'ont pas ce genre d'occasion lorsque notre classe est au milieu d'une retraite politique prolongée. Je tiens encore beaucoup aux livres lus et relus publiés au milieu des années 30 et dans les années 40 que de généreux camarades de Minneapolis, Chicago et Détroit ont retirés de leurs bibliothèques pour me prêter ou donner quand j'ai adhéré au mouvement communiste. Il y avait aussi quelques brochures des années 50, qui me sont également importantes, que les camarades avaient trouvé les ressources de publier, je ne sais comment. Mais dans l'ensemble, le parti n'avait pas eu de programme de publication depuis plus d'une dizaine d'années. Il n'y avait aucun endroit où je pouvais les acheter. Des camarades en Grande-Bretagne, en Inde, puis à Ceylan avaient produit quelques livres et brochures de Trotsky en anglais qu'on pouvait utiliser, mais c'était à peu près tout.

C'est pourquoi quand nous avons vu des opportunités s'ouvrir au début des années 60 — sous l'impact de la lutte des Noirs et de la révolution cubaine, puis d'un mouvement grandissant contre la guerre en Asie du Sud-Est et d'une radicalisation de plus en plus large — la direction du parti a effectué une allocation substantielle de cadres et de ressources financières pour soutenir la relance d'une maison d'édition et ensuite d'une imprimerie. Nous voyons plus que jamais aujourd'hui la justesse de cette décision et des ressources de direction que depuis lors nous continuons à accorder en priorité au maintien et à l'expansion de cet effort.

Nous trouvons une avant-garde croissante de travailleurs, d'agriculteurs et de jeunes qui ont besoin de ces livres. Nous luttons à leurs côtés dans les usines, à la campagne, sur des piquets de grève, à des réunions dans les régions des mines de charbon, à des manifestations contre la brutalité policière ou contre des raids de *la migra*, et ailleurs. Nous les rencontrons autour du monde à travers notre travail international et le travail des autres ligues communistes.

Non seulement ils ont besoin des livres et brochures produits et distribués par le mouvement communiste, ils y ont droit. Ces livres proviennent d'un seul et unique endroit : de la sueur et du sang de travailleurs comme nous à travers le monde. Ils ne contiennent qu'une seule chose : le bilan et les leçons accumulées des activités politiques, *des actes politiques*, de travailleurs dont les luttes passées nous offrent aujourd'hui la possibilité d'apprendre dans la pratique et d'oser l'impossible : faire une révolution qui ouvrira la voie à la fin pour toujours de l'exploitation et de l'oppression de classe. Une révolution à l'échelle du monde : le monde qui est un point de départ pour chaque perspective et chaque tâche du mouvement communiste.

CONCLUSION DE LA SESSION
DE CLÔTURE

LES RESPONSABLES DU GOUVERNEMENT français ont inventé un nouveau terme : ils décrivent les États-Unis comme une « hyperpuissance ». Le mot a été utilisé pour la première fois par le ministre français des Affaires étrangères l'an dernier, après quoi le président Jacques Chirac a cherché à rassurer Washington en disant que le mot n'avait rien de « péjoratif ». Chirac aurait pu épargner sa salive : les gars de la Maison-Blanche ont plutôt aimé le terme.

L'impérialisme U.S. *est* une hyperpuissance aujourd'hui. Nous ne courons aucun risque de perdre notre âme prolétarienne en reconnaissant ce fait, une réalité qui renforce au lieu de diminuer les contradictions de l'ordre capitaliste mondial. Les États-Unis se classent premiers parmi les pays impérialistes par la puissance économique, la force militaire, la portée de frappe politique et — de plus en plus — l'audace. Les

---

À la session de clôture de la conférence, le 16 juin 2001, Jack Barnes a repris quelques-uns des principaux thèmes politiques discutés pendant les trois jours précédents. Voici de larges extraits de sa conclusion.

dirigeants U.S. entretiennent aussi de grandes illusions sur les conséquences de leur audace et son impact déstabilisateur sur l'ordre impérialiste mondial.

Ils pourraient se rappeler qu'à l'apogée de la grandeur de la Rome impériale, l'empire était déjà en plein déclin. Quand le point a été atteint où « le soleil ne se couche jamais sur l'empire britannique, » le crépuscule avait déjà commencé à descendre. La même chose est vraie de l'empire américain. Hyper ou pas.

Pendant le long règne de l'empire britannique, sa suprématie navale était cruciale pour sa puissance et sa portée de frappe mondiales. Depuis la deuxième guerre mondiale, la marine U.S. a dominé les mers — avec ses porte-avions, ses groupes aéronavals de combat et ses sous-marins à propulsion nucléaire armés d'ogives nucléaires. La capacité de Washington de dominer le ciel est aussi devenue de plus en plus décisive.

Aujourd'hui, l'espace est le nouvel océan de l'impérialisme. Nous ne parlons pas du futur. Ce changement de théâtre a déjà commencé. La Maison-Blanche et le Congrès travaillent à déployer les premières phases du NMD (National Missile Defense) — leur système de défense nationale antimissile. Après que le programme de « guerre des étoiles » de Reagan ait été mis en sommeil à la fin des années 80, l'administration Clinton l'a relancé moins d'une décennie plus tard avec des plans pour un système au début terrestre et basé en Alaska. Bush va maintenant de l'avant avec la construction d'un centre de contrôle et de silos à missiles en Alaska, tout en proposant de dépenser environ huit milliards de dollars pour développer et déployer un « bouclier antimissile » aérien, naval et spatial[36].

---

36. Le gouvernement U.S. a installé dans un silo en Alaska son premier intercepteur antimissile terrestre en juillet 2004. Le

L'objectif à long terme des dirigeants U.S. n'est pas seulement de déployer ce qu'ils appellent un système de défense antimissile dans l'espace, mais de parsemer les cieux de missiles balistiques. Ils sont déjà en train de déployer un large appareil d'espionnage dans l'espace. Celui-ci viendra couronner leur actuelle puissance terrestre, maritime et spatiale — que le département de la Défense décrit ouvertement comme étant la « domination totale du spectre » (Full Spectrum Dominance). Leur objectif est d'acquérir une capacité nucléaire leur permettant de menacer n'importe quel gouvernement sur terre, y compris ceux qui possèdent leur propre arsenal stratégique nucléaire et leurs propres vecteurs de lancement — autrement dit la Russie, la France et le Royaume-Uni. Israël et, d'ici là, peut-être la Chine pourraient se glisser aussi dans cette catégorie. Plus le Pakistan et l'Inde, et peut-être la République populaire démocratique de Corée, l'Iran et qui d'autre encore ? Même si c'est un plan à long terme des dirigeants U.S., ils sont loin de l'avoir réalisé. Mais ils ont des objectifs plus immédiats et politiquement importants qui en font partie.

WASHINGTON A LES YEUX rivés sur les États ouvriers de Chine et du nord de la Corée. Afin de se défendre contre la puissance militaire massive des États-Unis

---

président Bush a salué ce développement comme « le début d'un système de défense antimissile imaginé par Ronald Reagan. » Un porte-parole du démocrate John Kerry a dit que même si le candidat présidentiel de ce parti considérait la défense antimissile comme « cruciale pour notre stratégie nationale de sécurité, » la priorité devrait aller au financement de la proposition de Kerry d'ajouter 40 000 soldats aux forces armées U.S.

dans le Pacifique et en Asie, Beijing et Pyongyang sont en train d'acheter, voler, rafistoler et développer leurs propres missiles balistiques, qui deviennent plus puissants, plus précis et à plus longue portée. Les dirigeants U.S. ont l'Irak, l'Iran et d'autres pays du Moyen-Orient dans leur ligne de mire. Ils continuent de cibler la Russie, mais Washington est conscient du fait que Moscou ne possède pas les ressources économiques aujourd'hui pour contenir la dégradation rapide de son *actuelle* puissance militaire, encore moins pour soutenir une course aux armements nucléaires.

E<small>N FIN DE COMPTE</small>, les dirigeants américains visent même ceux qui dans leur grande majorité ont été amenés depuis des décennies — bien que jamais unanimement — à croire au rêve (à l'espoir) qu'ils ne pourraient en aucun cas devenir eux-mêmes une cible : les alliés impérialistes rivaux de Washington les plus forts en Europe de l'Ouest.

Comme on nous le rappelle chaque mois d'août, le Japon est moins optimiste.

Les concurrents français, allemands et autres du capital financier U.S. en Europe de l'Ouest n'ont aucune illusion de pouvoir contrer au même niveau la poussée militariste de Washington. Ils ont plutôt comme plan de mettre sur pied une organisation de type confédérée en Europe qui leur permettrait de mieux négocier avec les États-Unis. L'obstacle qu'ils doivent surmonter pour atteindre une telle unité réside dans leurs propres rivalités, qui iront en s'aiguisant. Il est loin d'être irrationnel pour les diverses classes dirigeantes en Europe de reconnaître leurs propres vulnérabilités et de chercher à les résoudre. Mais *mettre sur pied* une « nouvelle Europe » est une tout autre affaire. Ce projet est déjà lourd de conflits qui deviendront de plus en plus volatiles et déstabilisateurs. Et à mesure que ce processus se déroulera, la lutte de classe va s'accélérer à travers le continent et ailleurs. Plus l'« Europe » grandira, moins elle deviendra une unité.

Si vous incluez les candidats à l'étude pour l'entrée dans l'Union européenne au cours des prochaines années, celle-ci pourrait regrouper jusqu'à 27 pays au lieu des 15 d'aujourd'hui. Les membres actuels vont de certains des pays capitalistes les plus avancés au niveau industriel, comme l'Allemagne, la France et le Royaume-Uni, à des pays comprenant de grandes poches économiquement moins développées comme le Portugal, la Grèce et l'Irlande. Et il est prévu d'inclure des États d'Europe centrale et de l'Est où la popularité du capitalisme est très superficielle et n'a pas encore été soumise à l'épreuve de la guerre ou de la dépression [37].

Étant donné ces disparités politiques, sociales et économiques — et la rivalité qui oppose les différentes classes capitalistes nationales sur les marchés des matières premières, des capitaux et du travail — des conflits de plus en plus intenses sont imbriqués dans tout effort visant à maintenir à long terme une politique monétaire commune pour régir la nouvelle devise qu'est l'euro [38].

---

37. En mai 2004, 10 nouveaux gouvernements ont été admis dans l'Union européenne : l'Estonie, la Lettonie et la Lituanie, d'anciennes républiques de l'Union soviétique ; la République tchèque, la Hongrie, la Pologne, la Slovaquie et la Slovénie ; ainsi que Malte et Chypre. Le revenu national moyen par habitant de ces 10 pays s'élève à moins de la moitié de celui des 15 autres membres.

38. De 1999 à 2002, 12 membres de l'Union européenne ont remplacé leur devise nationale par une devise unique appelée euro. Mais le mouvement vers l'adoption de l'euro semble avoir commencé à s'essouffler. Des propositions gouvernementales

Bien qu'un certain nombre de gouvernements dans le monde vont probablement augmenter la proportion d'euros dans leurs réserves de devises étrangères, pas plus en Europe qu'ailleurs le capital financier n'a confiance dans la perspective d'un euro fort aussi sûr que le dollar, sans dire aussi sûr que l'or [39]. Les banques centrales dans le monde, surtout en Asie, continuent d'acheter des centaines de milliards de dollars en bons du Trésor U.S. pour protéger leurs réserves de devises fortes et pour faciliter leur offensive à l'exportation. Ceci explique la force du dollar américain aujourd'hui et constitue également son talon d'Achille. Quand la confiance dans le dollar va commencer à s'éroder, l'éclatement de cette bulle obligatoire va intensifier la crise du capitalisme U.S. et aura des répercussions dans le monde entier. Mais un tel développement n'éliminera pas les contradictions concernant les papiers-monnaies à l'intérieur de la « zone euro. » Il va les aiguiser.

---

d'adhérer à l'union monétaire ont été rejetées lors de référendums au Danemark en septembre 2000 et en Suède en septembre 2003. Le premier ministre britannique Anthony Blair, qui soutient l'adoption de l'euro, a repoussé à une date indéfinie la tenue d'un référendum. En avril 2004, il a déclaré qu'il ne pouvait pas « trouver d'arguments irréfutables, d'un point de vue économique, en faveur de l'entrée de la Grande-Bretagne dans la monnaie unique. »

39. La part de l'euro dans les réserves mondiales de devises est passée de 15,9 pour cent en 2000 à 18,7 pour cent à la fin de 2002, tandis que la part du dollar est tombée de 67,5 à 64,5 pour cent au cours de la même période. Mais en septembre 2003, plus de 80 pour cent des exportations européennes vers les États-Unis et 90 pour cent des exportations U.S. vers l'Europe étaient toujours facturées en dollars.

Pendant notre réunion ici cette semaine, le voyage de Bush en Europe a dominé l'actualité dans les médias. Ces derniers rapportent que le président U.S. continue d'insister auprès des autres chefs de gouvernement que le traité de 1972 sur les missiles antibalistiques, ou ABM, est caduc. Bien sûr, comme nous l'avons dit depuis le début, le traité ABM était et est resté une totale imposture depuis le jour où il a été signé. Washington s'était immédiatement lancé dans un énorme programme de recherche et développement sur les systèmes laser et d'autres technologies qu'il allait utiliser quand les dirigeants U.S. allaient décider qu'ils avaient besoin d'un système de défense antimissile. Et les termes du traité rejetaient explicitement l'interdiction de développer des missiles antibalistiques terrestres ou ce qu'on appelle des systèmes de défense contre les missiles de « théâtre » couvrant des zones géographiquement limitées. Ce traité n'a pas fait faire au monde un seul pas vers la paix, pas plus que n'importe quel autre des soi-disant traités de limitation des armements signés par les gouvernements U.S. et soviétique au cours des décennies précédentes — ou que les « pactes de désarmement » que les puissances bourgeoises ont si solennellement juré de respecter et que les marxistes révolutionnaires ont tant méprisés depuis les dernières décennies du dix-neuvième siècle.

Par contre, l'offre que Bush a faite en Europe cette semaine — et qu'il présentera au président russe Vladimir Poutine quand ils se rencontreront en Slovénie demain — représente une réduction majeure du stock d'ogives nucléaires U.S. Bush propose de réduire à 2 000 ogives ou même moins l'arsenal nucléaire U.S. Son niveau actuel s'élève à plus de 7 000 têtes. Tant mieux si

Moscou accepte d'en faire autant, dit Bush ; mais quelle que soit sa réponse, Washington amorcera des réductions unilatérales [40]. Ceci laissera encore à Washington suffisamment d'ogives et de missiles pour détruire plusieurs fois n'importe quel ennemi.

CETTE PROPOSITION NE DEVRAIT PAS nous surprendre. Bush suit la trace du président Ronald Reagan, qui avait fait une proposition encore plus radicale à Mikhaïl Gorbatchev lors de la rencontre au sommet de Reykjavík de 1986 en Islande. Si Moscou retirait ses objections au déploiement du système ABM de la guerre des étoiles, avait dit Reagan, Washington accepterait alors l'élimination mutuelle de toutes les ogives nucléaires dans un délai de dix ans et partagerait le système ABM avec Moscou. L'accord n'a jamais été conclu. La décomposition de la bureaucratie soviétique était déjà trop avancée pour que Gorbatchev prenne le risque d'affronter l'opposition qu'il aurait déclenchée en acceptant le déploiement du système ABM. Et la Maison-Blanche a rapidement rejeté l'initiative comme étant « une interprétation erronée » de ce que Reagan avait proposé. À la place, les gouvernements U.S. et soviétique ont signé l'année suivante un accord éliminant une catégorie entière de missiles en Europe de l'Est et de l'Ouest. Mais il était clair depuis ce temps

---

40. En 2003, le Sénat U.S. et la Douma russe ont tous deux ratifié le traité sur la réduction des potentiels offensifs stratégiques (POS) signé par Bush et Poutine en mai 2002. Le traité prévoit que chaque gouvernement réduira avant la fin de 2012 la quantité des ogives nucléaires déployées à un nombre compris entre 1 700 et 2 200.

que, tôt ou tard, une administration U.S. remettrait une version de cette proposition sur la table.

Bush embarrasse beaucoup de présidents et de premiers ministres européens en disant ouvertement que le protocole de Kyoto sur les changements climatiques signé en 1997 est une totale imposture. Il le fait dans le but de justifier le cours bipartite des dirigeants U.S., qui consiste à faire passer les profits avant la sécurité et la santé publiques et avant la protection de l'environnement. Mais la simple réalité est, encore une fois, que le protocole de Kyoto *est* une totale imposture. Aucun gouvernement impérialiste n'a l'intention de sacrifier la rentabilité dans le but de respecter les quotas qui lui ont été fixés pour l'émission de dioxyde de carbone et des autres gaz à effet de serre. Le traité est rédigé de façon à permettre aux gouvernements les plus riches d'acheter ou d'échanger des droits d'émission pour augmenter leurs quotas, tandis que le fardeau retombe sur les pays semi-coloniaux qui n'ont pas les moyens de s'en sortir en payant.

Les journaux de ce matin rapportent le discours donné par Bush hier en Pologne à l'université de Varsovie. Parlant de la prochaine rencontre au sommet de l'Otan prévue dans un an et demi, à la fin de 2002, Bush a vivement conseillé qu'on y considère favorablement les demandes d'admission faites par dix pays d'Europe centrale et de l'Est autrefois membres du pacte de Varsovie initié par l'Union soviétique. « Toutes les nouvelles démocraties d'Europe, de la Baltique à la mer Noire, et toutes celles qui se trouvent entre les deux devraient avoir la même chance que les vieilles démocraties d'Europe d'accéder à la liberté et à la sécurité — et la même chance d'adhérer aux institutions de l'Europe. Je crois en l'adhésion à l'Otan de toutes les démocraties d'Europe qui en font la demande et sont prêtes à partager les responsabilités que l'Otan implique. On peut encore débattre la question de savoir « quand » ; mais pas débattre la question de savoir « si [41]. »

BUSH A ENSUITE PRÉSENTÉ à Poutine la perspective d'inclure une Russie coopérative sous la protection de l'Otan en Europe, une alliance militaire dominée par les États-Unis, et de lui accorder une aide économique fournie par les rivaux de Wall Street de l'autre côté de l'Atlantique. « L'Europe que nous construisons doit aussi être ouverte à la Russie, a-t-il dit. Nous avons intérêt à ce que la Russie réussisse — et nous espérons le jour où la Russie sera entièrement reformée, entièrement démocratique et étroitement liée au reste de l'Europe. Les grandes institutions de l'Europe — l'Otan et l'Union européenne — peuvent et doivent construire des partenariats avec la Russie et avec tous les pays qui ont émergé des décombres de l'ancienne Union soviétique. […]

« La Russie fait partie de l'Europe, a ajouté Bush, et n'a donc pas besoin d'une zone tampon d'États précaires qui la sépare de l'Europe. » Le chef de l'exécutif du gouvernement impérialiste U.S. a également été on ne peut plus clair quant à qui devrait payer la note de cette grande vision : « Dans toute la région, des nations aspirent à faire partie de l'Europe. Naturellement, le fardeau — et les

---

41. En mars 2004, l'Otan a admis sept nouveaux pays : l'Estonie, la Lettonie et la Lituanie (d'anciennes républiques soviétiques) ; la Bulgarie, la Roumanie et la Slovaquie (d'anciens membres du pacte de Varsovie) ; et la Slovénie, autrefois une république de la Yougoslavie. La République tchèque, la Hongrie et la Pologne, d'anciens membres aussi du pacte de Varsovie, avaient été admises dans l'Otan en 1999.

bénéfices — impliqués dans la satisfaction de ces aspirations retomberont surtout sur l'Europe elle-même. »

À mesure que s'accroîtront entre les gouvernements européens les tensions que les crises vont générer, le capital financier U.S. va exacerber ces conflits. Washington va continuer à renforcer sa « relation spéciale » de longue date avec Londres. Il renforcera aussi d'autres vieilles alliances, tout en forgeant de nouveaux liens avec des gouvernements à travers le continent, y compris en Europe de l'Est et en Europe centrale, et en cherchant à tourner à son avantage les clivages qui apparaîtront et s'approfondiront. On continue donc à semer en « Europe » les germes de conflits interimpérialistes qui s'aiguisent et s'accélèrent.

Les communistes insistent pour dire que toute question politique et sociale est une question de classe. Nous rejetons tout appel dans un pays impérialiste à agir au nom de la « nation ». Nous refusons d'admettre qu'il existe des questions militaires, environnementales ou autres dont les conséquences sont « simplement trop horribles » ou les détails techniques « trop complexes » pour permettre au prolétariat d'avancer un cours qui défende les intérêts de classe des exploités et des opprimés.

Il n'existe pas de question sociale ou politique qu'on puisse extraire de l'histoire, examiner au microscope et puis résoudre dans les intérêts de « tous », indépendamment de toute position de classe. Il n'existe pas de questions auxquelles l'humanité est confrontée qui flottent au-dessus de la politique de classe. Toutes les questions « techniques » ou « scientifiques » liées à la production d'énergie, aux instruments de guerre ou aux politiques sociales seront résolues par le biais du marché capitaliste et avec le concours du pouvoir d'État qui agit dans les intérêts de la classe capitaliste. Ceci ne va changer que lorsque la classe ouvrière aura dirigé une révolution pour prendre le pouvoir d'État des mains de cette petite minorité de riches. En suivant cette ligne de marche, le prolétariat peut et va arracher de vraies concessions qui seront les conséquences indirectes de sa lutte révolutionnaire.

Le travail humain est un travail social. Son produit n'est pas le résultat du travail d'un individu, ni même du travail additionné de nombreux individus. Quelque chose peut nous sembler être un geste individuel : ensemencer un champs de maïs, faire une paire de chaussures, faire fonctionner une machine, et ainsi de suite. Mais ce travail est toujours entouré et dépendant d'une toile de rapports sociaux, peu importe que ce soit directement ou indirectement. Ce qui arrive au produit de cet agriculteur, de ce cordonnier, de ce travailleur est déterminé par les relations de classe sous lesquelles ils travaillent. C'est le travail social qui lègue, génération après génération, la culture et les plans permettant de transformer la réalité matérielle de manières nouvelles et plus productives et de créer un monde meilleur.

Marx a polémiqué contre ceux dans le mouvement ouvrier de son époque qui avançaient l'idée non scientifique que le travail est la source de toute richesse. « Le travail n'est *pas la source* de toute richesse, a-t-il insisté en 1875. La *nature* est tout autant la source des valeurs d'usages […] que le travail, qui n'est lui-même que l'expression d'une force naturelle, la force de travail de l'homme. » Par le fait même que le travail dépend de la terre et des ressources naturelles dans le processus de production, le travailleur — qui ne possède rien d'autre que sa propre force de travail — devient sous le système capitaliste « l'esclave d'autres hommes qui se sont érigés en détenteurs des conditions matérielles du travail [42]. » Cette propriété privée de la terre, des moyens de production et des matières premières est la base du pouvoir économique et d'État de la classe capitaliste.

En même temps, a écrit Marx dans *Le Capital*, dans sa concurrence pour les profits la classe capitaliste ne développe les techniques et le procès social de production — aussi bien dans l'industrie que dans l'agriculture — « qu'en ruinant dans le même temps les sources vives de toute richesse : *la terre et le travailleur*[43]. » La logique du système capitaliste, nous ont enseigné Marx et Engels, le conduit à la longue à transformer les forces de production en forces de destruction. L'histoire a confirmé à la n-ième puissance la justesse de cette observation.

MAIS UNE FOIS QUE nous comprenons cette réalité, la seule chose qui devrait nous faire peur, c'est la perspective de *ne pas* nous organiser pour empêcher une telle issue en faisant partie de la composante disciplinée d'une avant-garde prolétarienne. Et ceci exige un programme et une stratégie visant à combler l'écart créé et recréé par l'impérialisme entre les conditions sociales et culturelles des travailleurs et des agriculteurs de pays ayant atteint des étapes différentes de développement économique et social à travers le monde. Et exige de travailler à faire converger les conditions de vie au sein de la seule force sur terre capable de livrer des luttes révolutionnaires

---

42. Marx, « Critique du programme de Gotha » dans Marx et Engels, *Oeuvres choisies*, tome 3, Moscou, édition du Progrès, 1976, p. 9.

43. Marx, *Le Capital*, livre 1, p. 567.

victorieuses en suivant la ligne de marche du prolétariat vers le pouvoir politique. Si l'avant-garde de la classe ouvrière ne fait pas ce que les exploiteurs tentent de lui faire faire par la crainte et la corruption — reculer de peur devant cette tâche — la transformation de la nature sur une base durable et renouvelable offre un avenir illimité à l'humanité.

Voilà ce que les statuts du Parti socialiste des travailleurs nous rappellent : que l'objectif du parti n'est pas de construire un socialisme « américain », mais d'éduquer et d'organiser la classe ouvrière pour qu'elle prenne le pouvoir ici et se joigne à la lutte internationale pour le socialisme. Notre objectif est de faire peser l'énorme poids d'un gouvernement révolutionnaire populaire aux États-Unis dans la révolution socialiste internationale. Pensez seulement à ce que les travailleurs et les agriculteurs de Cuba ont accompli depuis qu'ils ont fait une révolution socialiste — dans un pays semi-colonial ayant une population d'environ sept millions d'habitants en 1959. Ils ont hissé le monde sur leurs épaules. Pensez maintenant à ce que les travailleurs et les agriculteurs pourraient accomplir en utilisant le pouvoir soviétique aux États-Unis.

E<small>N TANT QUE RÉVOLUTIONNAIRES</small> qui vivons et travaillons aux États-Unis, nous effectuons notre activité politique non seulement dans le pays le plus riche au monde, mais aussi dans un pays qui n'a pas fait l'expérience de la guerre sur son propre sol depuis 1865. C'est un pays dans lequel il y a eu des batailles de classe sanglantes et des mouvements sociaux prolétariens, mais qui n'a jamais connu de situation révolutionnaire ou d'insurrection ouvrière. C'est un pays qui a vécu le génocide des populations autochtones et pendant des décennies la violence meurtrière organisée de groupes réactionnaires comme le Ku Klux Klan, ainsi que la brutalité systématique de la police, de la garde nationale et des milices patronales. Mais il n'a eu qu'une expérience de combat limitée dans les rues et sur les piquets de grève entre des groupes fascistes et des gardes de défense des travailleurs et des opprimés.

Les communistes aux États-Unis ont donc un besoin spécial et une responsabilité particulière de comprendre et d'expliquer les réalités économiques et sociales auxquelles fait face la vaste majorité de l'humanité et notre place au sein de cette humanité — une place qui est en définitive déterminée *par* cette humanité. Ainsi que Lénine et les bolcheviks nous l'ont enseigné, nous faisons face à nos tâches révolutionnaires dans un monde impérialiste divisé entre les pays opprimés de l'Asie, de l'Afrique et des Amériques d'un côté et une poignée de pays oppresseurs de l'autre. Nous vivons toujours à l'époque des conflits impérialistes et des guerres mondiales, des soulèvements coloniaux, des guerres civiles et des révolutions.

Nous ne commençons jamais en tant qu'« américains » pour faire quoi que ce soit. Nous commençons en tant que composante des travailleurs du monde, la composante qui se trouve en « Amérique ». Nous commençons en tant que soldats de la révolution mondiale. C'est le seul « nous » que nous connaissons en tant que communistes.

À LIRE AUSSI

Le tournant vers l'industrie : forger un parti prolétarien
JACK BARNES

Ce livre porte sur le programme, la composition et la ligne de conduite prolétariens du seul type de parti méritant le nom de « révolutionnaire » à l'époque impérialiste. Un parti capable de reconnaître le fait le plus révolutionnaire de cette époque : la valeur de la classe ouvrière et notre pouvoir de changer la société lorsque nous nous organisons et agissons contre la classe capitaliste dans tous ses aspects économiques, sociaux et politiques. Ce livre porte sur la construction d'un tel parti aux États-Unis et dans les autres pays capitalistes à travers le monde. 15 $ US. En anglais et en espagnol.

Sont-ils riches parce qu'ils sont intelligents ?
Classe, privilège et apprentissage sous le capitalisme
JACK BARNES

L'auteur met en pièce les faux-fuyants auxquels font appel les couches de professionnels bien payés pour justifier leurs privilèges et selon lesquels leur intelligence et leurs diplômes les rendent compétents pour « réglementer » la vie des travailleurs. Comprend aussi « Le capitalisme, la classe ouvrière et la transformation de l'apprentissage. » 10 $ US. Aussi en anglais, espagnol et farsi.

Le bilan anti-ouvrier des Clinton
Pourquoi Washington craint les travailleurs
JACK BARNES

L'auteur décrit le cours que poursuivent aussi bien les démocrates que les républicains, tous motivés par les profits, ainsi que l'éveil politique des travailleurs qui cherchent à comprendre et résister à ces attaques. 10 $ US. Aussi en anglais, espagnol, farsi et grec.

Malcolm X, la libération des Noirs et la voie vers le pouvoir ouvrier
JACK BARNES

La conquête du pouvoir par la classe ouvrière rendra possible la bataille finale contre l'exploitation de classe et l'oppression raciste. Elle ouvrira la voie vers un monde basé sur la solidarité humaine. Un monde socialiste. 20 $ US. Aussi en anglais, espagnol, farsi, arabe et grec.

Une révolution socialiste est-elle possible aux États-Unis ?
Un débat nécessaire entre travailleurs

MARY-ALICE WATERS

Un « oui » sans hésitation, telle est la réponse donnée ici. Possible mais pas inévitable. Ça dépend de ce que *font* les travailleurs. 7 $ US. Aussi en anglais, espagnol et farsi.

En défense de la classe ouvrière américaine
MARY-ALICE WATERS

Un géant a commencé à bouger. Hillary Clinton les appelle les « déplorables » vivant dans des régions « arriérées » des États-Unis. Mais en 2018, des dizaines de milliers d'enseignants et d'employés des écoles ont mené des grèves victorieuses. En Floride, les travailleurs ont obtenu le rétablissement du droit de vote pour les anciens prisonniers. En agissant ainsi, ils ont puisé dans les meilleures traditions de lutte de travailleurs de toute couleur de peau et de toute origine nationale. 7 $ US. Aussi en anglais, espagnol et farsi.

WWW.PATHFINDERPRESS.COM

À paraître

Tribuns du peuple et syndicats

KARL MARX
VLADIMIR I. LÉNINE
LÉON TROTSKY
FARRELL DOBBS
JACK BARNES

« Notre idéal ne devrait pas être le secrétaire syndical, mais le tribun du peuple, capable de réagir à chaque manifestation de tyrannie et d'oppression. »
Vladimir I. Lénine, 1902

« Léon Trotsky était profondément soucieux de la mobilisation révolutionnaire de la classe ouvrière ; il suivait avec attention les questions de stratégie et de tactique dans les syndicats. »
Farrell Dobbs, 1969

« Avec une direction révolutionnaire, les syndicats peuvent conduire les travailleurs et leurs alliés dans les villes, grandes et petites, et à la campagne — agriculteurs, petits producteurs, commerçants, chauffeurs et autres propriétaires-exploitants — à l'indépendance politique vis-à-vis de la classe dirigeante. » *Jack Barnes, 2018*

Le tribun du peuple utilise toute manifestation de l'oppression capitaliste pour expliquer pourquoi les travailleurs et nos alliés, dans le feu des luttes, peuvent poser et poseront les fondements d'un monde qui s'appuiera non pas sur la violence et la concurrence mais sur la solidarité entre les travailleurs du monde entier. 12 $ US. Aussi en anglais et en espagnol.

NOTRE POLITIQUE COMMENCE AVEC LE MONDE
Session des questions et réponses de la conférence

QUESTION : Vous avez parlé ce matin du nouveau livre *Cuba et la révolution américaine à venir*. La seconde partie de ce livre se fonde sur des présentations que vous avez faites il y a quelques mois à Seattle et à New York. Il y a une phrase dans ce livre que je ne comprends pas ou avec laquelle je ne suis peut-être pas d'accord. Vous décrivez les changements dans la classe ouvrière et le mouvement ouvrier aux États-Unis dans des termes que vous avez repris ici, puis vous dites : « Évidemment, le rythme de ces changements de mer dans la lutte de classe connaît des flux et des reflux. La résistance s'accélère et s'élargit quelque temps, puis ralentit. » Ensuite vous ajoutez — et c'est la phrase qui me pose problème — « Seules institutions

---

Lors de la conférence socialiste internationale qui a eu lieu à Oberlin, Ohio, du 14 au 16 juin 2001, le rapport d'ouverture de Jack Barnes « Notre politique commence avec le monde, » publié dans les pages précédentes, a été débattu lors de la session qui a suivi en après-midi. Plusieurs des questions posées ont abordé des sujets souvent soulevés par des travailleurs et des jeunes à l'esprit révolutionnaire qui commencent à s'intéresser aux activités et perspectives du mouvement communiste. Deux de ces échanges sont reproduits ici.

de masse du mouvement ouvrier américain aujourd'hui, les syndicats continuent de s'affaiblir. »

Vous poursuivez : « La bureaucratie syndicale fait la promotion de traditions — un reflet de ses conceptions et valeurs bourgeoises et de ses conditions de vie petites-bourgeoises — qui la laissent complètement non préparée à ce qui peut soudainement arriver dans les conditions de crise actuelles du capitalisme international. Avant tout, la bureaucratie n'est pas préparée pour les luttes qui se développent sous la surface, pour ne pas dire qu'elle est terrifiée par cette perspective. Elle non plus ne peut jamais comprendre les capacités des rangs. »

Bon, tout le monde à cette conférence peut être d'accord avec vous sur ce que vous dites sur la bureaucratie syndicale. Mais il ne me semble pas qu'on puisse en déduire nécessairement que les syndicats continuent de s'affaiblir. Quand les communistes disent que les syndicats se renforcent, ne voulons-nous pas dire que les rangs commencent à prendre confiance et qu'ils s'impliquent davantage dans le syndicat ? Et n'est-ce pas ce qui s'est passé au cours de la dernière année ? Par exemple, les travailleurs de la confection de Hollander Home Fashions à Los Angeles et à Frackville en Pennsylvanie ont récemment gagné une convention collective après deux mois et demi de grève et avec l'aide des travailleurs de l'usine de Tignall, en Géorgie, qui ont respecté leurs piquets de grève et refusé de travailler. Pour la première fois depuis des années aux États-Unis, les Mineurs unis d'Amérique (UMWA) sont véritablement engagés dans une campagne sérieuse pour organiser des mines non syndiquées. Il y a les Travailleurs et travailleuses unis de l'alimentation et du commerce (TUAC) qui organisent des campagnes parmi les travailleurs d'abattoir dans le Midwest, des campagnes souvent dirigées par des travailleurs immigrés.

Pourriez-vous expliquer ce que vous vouliez dire quand vous avez affirmé que les syndicats continuent de s'affaiblir aujourd'hui ?

Les syndicats continuent de s'affaiblir

JACK BARNES : Les syndicats s'affaiblissent et continueront de s'affaiblir pendant un certain temps. Un pourcentage de plus en plus petit de la classe ouvrière est syndiqué. Les salaires réels de la majorité des travailleurs continuent au mieux à stagner. Les cadences s'intensifient pendant que se détériorent les conditions de travail, tout comme le font la protection et la fiabilité offertes par les régimes d'assurance médicale et les pensions de retraite. Et la classe des employeurs fait des coupes dans la sécurité sociale qui affectent l'ensemble de la classe ouvrière.

Bien sûr, vous avez raison de dire que lorsque les travailleurs se plaignent des « syndicats » aujourd'hui ou de « l'Internationale », ils parlent généralement d'une bureaucratie, en particulier des permanents, des organisateurs et des officiers à plein temps. Nous cherchons donc toujours des façons d'expliquer aux autres travailleurs en lutte que les syndicats, c'est *nous*, les membres. Mais je ne parle pas ici seulement des rangs. Les syndicats comprennent aussi les membres de l'appareil. Chaque membre qui a payé ses cotisations.

La bureaucratie des syndicats de l'AFL-CIO et des autres syndicats dits internationaux poursuit depuis des décennies son cours visant à intégrer politiquement le mouvement ouvrier dans l'appareil d'État impérialiste. La couverture du numéro de printemps de l'*IAM Journal* [Le journal de l'AIM], le magazine de l'Association internationale des machinistes (AIM) aux États-Unis, a par exemple pour titre « Des bombes éclatant dans les airs » avec la photo couleur d'un missile U.S. Le numéro est entièrement consacré à la promotion en termes élogieux du « système national de défense antimissile » initié par Clinton et que Bush poursuit avec des appuis importants dans les deux partis. Le président de l'AIM Tom Buffenbarger exalte la contribution des travailleurs membres de l'AIM dans la production des armes déployées par les dirigeants U.S.

« Laquelle de nos villes prendront-ils pour cible ? écrit-il. Dans les 15 prochaines années, les États voyous et marginaux dotés d'armes chimiques, nucléaires ou biologiques auront aussi des missiles capables d'atteindre des villes américaines. Et les chances que des terroristes acquièrent de telles armes augmentent à chaque jour. La prudence nous dicte de poursuivre une défense nationale antimissile (NMD) qui fonctionne. » Le « nous » de Buffenbarger est l'Amérique impérialiste et le « ils » désigne ses ennemis. Les travailleurs du monde ne sont pas un facteur qu'il prend même en considération.

Et l'AIM n'est pas unique. Tous les officiers syndicaux font la promotion de campagnes patriotiques du type « Achetez américain » — qu'il s'agisse d'acier, de vêtements, de voitures ou d'autres choses. Il n'existe aucune voix qui présente aux travailleurs un cours indépendant des employeurs, de leurs partis jumeaux et de leur gouvernement.

Une bonne partie de la gauche réformiste et centriste affirme que les syndicats se renforcent. Ces radicaux de la classe moyenne identifient en fait le syndicat avec l'aile « progressiste » de la bureaucratie. Ils se regardent dans le miroir et voient leur reflet dans l'équipe entourant John Sweeney qui s'est hissée aux plus hauts postes de l'AFL-CIO en 1995. Quand c'est arrivé, ces gens de la gauche se sont mis à faire des culbutes de joie et ils en sont encore tout étourdis. La plupart ne mentionnent jamais qu'en dépit de l'engagement de Sweeney d'investir les ressources de la fédération dans l'organisation des non-syndiqués, le nombre de syndiqués a continué à baisser depuis. Ils le mentionneront. Pas quand ils seront prêts à adopter une perspective prolétarienne mais quand ils seront prêts à « soutenir » le prochain Sweeney.

MÊME QUAND LA BUREAUCRATIE de tel ou tel syndicat adopte effectivement une position formelle de soutien à une revendication qui est dans l'intérêt des travailleurs — le droit à l'avortement, l'amnistie pour les immigrés, l'augmentation du salaire minimum — celle-ci ne devient utile que si un groupe de travailleurs s'en empare et trouve une façon de l'utiliser pour faire avancer la lutte. Ni la bureaucratie syndicale même ni aucune de ses sections importantes n'ont la moindre intention de jeter le poids des syndicats dans un mouvement social en lutte, si ce n'est pour défendre leur propre point d'ancrage dans la société capitaliste.

Dans *L'histoire du trotskysme américain*, Jim Cannon décrit trois vagues de grèves pendant les années 30, dont plusieurs batailles importantes en 1933 : la grève de la soie de Paterson, le début de la campagne de syndicalisation des travailleurs de l'hôtellerie à New York et d'autres encore. Pourtant les syndicats ont continué de s'affaiblir en 1933. Cette situation n'a commencé à changer qu'après l'issue des grèves de San Francisco, Minneapolis et Toledo l'année suivante. Le changement qualitatif s'est produit en 1936-1937 avec les grèves accompagnées d'occupations d'usine dans l'automobile et l'industrie du caoutchouc et les autres batailles qui ont construit le Congrès des organisations industrielles (CIO [44]).

Pour que des syndicats bureaucratisés puissent commencer à se transformer et se renforcer, il faut d'abord qu'il y ait une sorte de secousse sociale ou politique plus large dans les formes du mouvement ouvrier — quelque chose qui en pousse au moins certaines sections vers des couches plus larges de la classe ouvrière et des opprimés. Pendant les années de combat de classe qui ont forgé les syndicats industriels, le CIO est devenu *un puissant mouvement social*. La direction de lutte de classe de la section locale 544 des Teamsters a aussi initié un mouvement social en expansion qui a tendu la main aux autres travailleurs des villes jumelles de Minneapolis et de Saint-Paul et de tout le Midwest, aux agriculteurs et aux chômeurs. Elle a lutté pour organiser et utiliser la force du mouvement syndical indépendamment des partis jumeaux de la classe des employeurs, les démocrates et les républicains, pour former un parti des travailleurs. Elle a fait campagne pour étendre la sécurité sociale, pour établir des gardes de défense syndicales et pour mobiliser l'opposition ouvrière à l'impérialisme et à sa guerre mondiale imminente.

Dans des conditions explosives comme celles-là, des grèves et des luttes ouvrières qui leur sont liées dans un nombre croissant de branches industrielles ou de régions du pays atteignent un point où les rangs sont effectivement capables d'utiliser les syndicats de plus en plus efficacement pour se défendre et faire avancer les intérêts des

---

44. James P. Cannon, *L'histoire du trotskysme américain, 1928-1938 — le rapport d'un participant*, New York, Pathfinder, 2002. Voir les chapitres 7 et 8, « Le tournant vers le travail de masse » et « Les grandes grèves de Minneapolis ».

exploités et des opprimés. La bureaucratie syndicale commence à se diviser sous la pression qui vient d'en bas.

Mais ce n'est pas ce qui arrive aujourd'hui dans le mouvement syndical. Ce n'est pas ce que représentent les changements de mer dans la résistance parmi des couches de travailleurs et d'agriculteurs, que nous considérons politiquement très importants. La bureaucratie syndicale de plus en plus aux abois se divise dans une certaine mesure à partir *du haut*, sous la pression de sections rivales du capital U.S. — mais pas encore sous la pression des rangs. Dans les grèves et les campagnes de syndicalisation, les défaites et les matchs nuls continuent à être plus nombreux que les victoires. Certains gains significatifs se produisent aussi, mais la lutte de classe en est toujours à un point où il est difficile pour les travailleurs de soutenir une lutte leur permettant de cueillir les fruits de ces victoires. Mais il est important que ces situations donnent de plus en plus lieu aujourd'hui à une résistance continue plutôt qu'à des défaites rapides, comme c'était généralement le cas pendant plusieurs années au début et au milieu des années 90.

Il y a presque exactement un an que les travailleurs de Dakota Premium Foods à Saint-Paul, au Minnesota, ont gagné un vote important pour faire légalement reconnaître leur syndicat. Quelques membres de la section locale 789 des TUAC sont en train de manquer une journée de cette conférence pour participer à une activité syndicale marquant cet anniversaire. Ça a été une bonne lutte et beaucoup de ses cadres restent actifs. Mais les patrons de Dakota refusent toujours de reconnaître le syndicat et de négocier une convention. La lutte continue. Le ton, l'intensité, les relations des différents combattants entre eux — tout ceci change avec le temps. Mais la lutte se poursuit. Ce sont les patrons qui l'oublieront à une certaine étape — à leurs dépens[45].

Les travailleurs de la confection à Hollander Home Fashions, membres du Syndicat du vêtement, textile et autres industries (SVTI, aujourd'hui UNITE), viennent de gagner leur grève comme l'a mentionné la camarade qui a posé la question. Ils ont repoussé la tentative de l'employeur de briser le syndicat et ont obligé l'entreprise à satisfaire quelques-unes de leurs revendications sur les salaires et les pensions de retraite. Ils font maintenant face au défi quotidien de conserver ces acquis et de jeter les bases d'une bataille suivie pour de meilleurs horaires et conditions de travail, pour une meilleure protection au niveau de la santé et de la sécurité au travail et pour de meilleurs salaires.

Rien n'indique que la bureaucratie des UMWA mène aujourd'hui une campagne de syndicalisation dans les mines de charbon non syndiquées. C'est simplement erroné. En fait, il n'y a actuellement aucune *campagne* de syndicalisation dans tout le mouvement ouvrier aux États-Unis. La bureaucratie d'aucun syndicat n'en fait sa priorité.

Il y a quelques tentatives importantes pour obtenir la reconnaissance légale du syndicat dans certaines usines,

---

45. Grâce à une résistance incessante au cours de l'année suivante — contre l'accélération des cadences, contre l'obligation de travailler en étant blessé, pour défendre leur couverture médicale, pour le droit d'aller aux toilettes et pour obliger les patrons à respecter l'ancienneté — les travailleurs de la section locale 789 des TUAC ont forcé les propriétaires de Dakota Premium Foods à reconnaître leur syndicat et à négocier une convention collective. L'accord a été approuvé par les membres de la section locale 789 à Dakota en octobre 2002.

mines ou lieux de travail et dans certaines villes ou régions du pays. Nous en connaissons un bon nombre et nous sommes impliqués dans quelques-unes. Nous entrons en contact avec des travailleurs engagés dans ces efforts de syndicalisation que nous couvrons dans le *Militant* et *Perspectiva Mundial*. Nous travaillons loyalement avec quiconque avance dans cette direction, qu'il conduise une haveuse pour longue taille dans une mine de charbon, qu'il travaille dans l'aire d'abattage d'un abattoir ou qu'il soit un organisateur payé par le syndicat. Mais quand une section du mouvement ouvrier dans ce pays lancera une campagne de syndicalisation soutenue, nous et les autres travailleurs d'avant-garde le saurons. Nous ne la raterons pas.

Nous préparer pour les batailles à venir

Ce qui commence à se produire est très important. Nous voyons filtrer les signes d'une discussion et d'activités de syndicalisation parmi des travailleurs qui ont perdu des emplois syndiqués — dans les mines, dans la confection ou ailleurs — ou dont le syndicat a été brisé au cours de la dernière décennie. Nous rencontrons par hasard certains de ces travailleurs lorsque nous travaillons nous-mêmes pendant un temps dans des emplois non syndiqués. Ou nous entendons parler de ce qu'ils font par leurs amis, des membres de leur famille ou d'anciens compagnons de travail. Ceci fait partie de la préparation des batailles à venir qui transformeront les syndicats.

Les camarades qui travaillent dans l'industrie depuis de nombreuses années et ceux qui se sont joints plus récemment à nos fractions syndicales apprennent ensemble à agir dans de telles situations et à faire un travail syndical compétent comme communistes. Nous devons intérioriser comment nous comporter, comment éviter les erreurs gauchistes, comment collaborer au travail avec d'autres militants d'avant-garde sans que nous ou d'autres soyons victimes de représailles. Comme d'autres militants, nous serons parfois licenciés, mais un licenciement inutile est le signe d'un comportement indiscipliné qui fait du tort au parti, à nos compagnons de travail et au mouvement ouvrier. Nos fractions doivent donc devenir des écoles pour un fonctionnement compétent et un travail syndical communiste qui nous permettent de faire cause commune avec les travailleurs dont l'activité aujourd'hui fait partie des préalables essentiels aux batailles tumultueuses à venir.

CE QUI EST LE PLUS IMPORTANT dans la fin il y a quelques années d'une retraite de notre classe qui a duré plus de cinq ans, c'est qu'un nombre croissant de travailleurs refusent d'être repoussés sans résister par les employeurs et le gouvernement. Des travailleurs font des progrès dans plusieurs grèves ou campagnes de syndicalisation particulières. Quand des batailles acharnées se terminent en match nul ou même par un recul temporaire, il y a moins de travailleurs qui en ressortent amers à jamais ou démoralisés pour longtemps. Ils continuent à offrir la solidarité à d'autres travailleurs en lutte. Ils restent ouverts aux idées sur les façons de se battre plus efficacement et de gagner, y compris aux idées des communistes aux côtés desquels ils ont lutté et qu'ils en sont venus à respecter. L'espace politique s'ouvre un peu plus dans les syndicats chaque fois que cela se produit.

Mais rien de tout ça ne se traduit directement par un renforcement des syndicats. Ceci ne se produira que lorsque les victoires remportées dans les luttes de plusieurs syndicats locaux, dans plusieurs endroits ou plusieurs régions commenceront à se refléter directement dans une nouvelle direction dont l'orientation pourra servir de guide à d'autres travailleurs et syndicalistes. D'ici là, les syndicats continueront à s'affaiblir.

Les syndicats ne sont pas une simple idée de l'esprit. Ce sont des institutions qui existent réellement et fonctionnent, jour après jour, comme partie de la société capitaliste. Jusqu'à ce que les membres commencent à laisser leur empreinte sur ces institutions — sur les rapports entre le travail et le capital, sur les rapports entre le travail et toute la structure légale qui enferre la classe ouvrière dans la paperasserie bureaucratique — les syndicats ne se renforceront pas. Ce n'est qu'en produisant une direction de leurs sections locales dans le feu des batailles à venir que les rangs laisseront leur marque sur les syndicats.

Lorsque éclate une lutte syndicale à laquelle nous participons, toutes sortes de gens en font partie — des travailleurs, des officiers locaux, des permanents. Nous ne préjugeons de rien et nous n'agissons sur la base d'aucun préjugé. Nous travaillons avec n'importe qui et avec tout le monde, et nous jouons cartes sur table. Parfois des officiers syndicaux locaux espèrent pouvoir chevaucher une bataille particulière et remporter un succès qui renforcerait leur position personnelle dans l'appareil. Ils peuvent même pendant un certain temps approuver d'un sourire l'énergie déployée par les rangs, en espérant qu'elle puisse les rapprocher de leur objectif. Mais ils peuvent virer de bord très vite si, et quand, cette énergie menace d'incorporer à la direction locale de nouvelles forces qui échappent à leur contrôle — sans parler de forces qui menacent de les remplacer, même si ces forces ne sont pas encore capables de le faire.

Les divisions actuelles dans la bureaucratie syndicale sont le produit d'une faiblesse croissante, pas d'un renforcement. Les bureaucrates tentent désespérément de compenser la contraction constante de leur bassin de cotisations et la perte presque totale de leur propre influence et pouvoir de négociation dans la politique bourgeoise. Ce n'est pas le genre de pression venant de la montée des luttes des rangs qui a poussé le président des UMWA, John L. Lewis, à rompre en 1935 avec la Fédération américaine du travail qui était orientée vers les syndicats de métiers et à lancer le CIO.

Au cours du dernier mois seulement, il y a eu plusieurs comptes rendus dans les médias d'initiatives prises par des officiers syndicaux de haut niveau dans le but de courtiser la Maison-Blanche et de chercher à gagner la faveur de membres du Congrès, aussi bien républicains que démocrates. Sweeney a récemment organisé un dîner avec 17 républicains de la Chambre des représentants. La direction des Métallos met les bouchées doubles à Washington, où elle fait la sale besogne des magnats de l'acier pour gagner l'appui de Bush et du congrès à de nouvelles barrières douanières importantes. La bureaucratie des UMWA fait l'éloge des nouvelles propositions de la Maison-Blanche pour éliminer les restrictions environnementales sur la combustion du charbon et sur l'ouverture de mines au sommet des montagnes. Et les bureaucraties des Teamsters et de la Fraternité des charpentiers, qui ont chacune coupé leurs liens formels avec l'AFL-CIO, recueillent des appuis pour les nouveaux grands projets fédéraux de construction promis par Bush dans le cadre de son « plan énergétique. »

Au fait, tout ceci devrait nous amener à être plus attentifs à la résistance des travailleurs qui sont membres non seulement des syndicats où nous avons des fractions, mais aussi des Métallos, des Teamsters, de la Fraternité des charpentiers ou d'autres syndicats. La Fraternité des charpentiers est l'un des rares syndicats qui a connu une croissance réelle au cours des dernières années — passant de 350 000 à 550 000 membres. Depuis la victoire de la grève des poseurs de cloisons sèches à Los Angeles en 1992, les charpentiers ont organisé un nombre important de travailleurs immigrés exclus jusque-là des syndicats de la construction en raison de la politique de trust d'emploi de la bureaucratie. Nous nous orientons vers les travailleurs en lutte, peu importe de quel syndicat ils sont membres ou de quel syndicat ils veulent le devenir — les UMWA, la Fraternité des charpentiers, le SVTI ou les Teamsters, les TUAC ou l'Union des journaliers. S'il y a une grève ou une campagne en cours pour obtenir la reconnaissance légale d'un syndicat, nous voulons être là pour participer à la lutte et collaborer politiquement avec les rangs.

Mais nous désarmerons aujourd'hui nos camarades de lutte si nous leur disons que les syndicats se renforcent parce qu'il y a une montée de la résistance. Les communistes doivent plutôt souligner le fait qu'en résistant aux attaques patronales comme des couches de travailleurs et d'agriculteurs ont commencé à le faire au cours des dernières années, nous progressons dans la voie par laquelle les syndicats peuvent et vont se renforcer. Et par laquelle on peut, avec effort et persévérance, organiser des batailles de classe qui pourront avec le temps commencer à transformer les syndicats.

Les escarmouches préparatoires auxquelles nous participons avec d'autres travailleurs sont importantes. En fait, sans elles, nous ne pourrons nous rendre à l'étape suivante. Parler du socialisme au travail et collaborer avec des travailleurs en lutte — les abonner au *Militant* et à *PM*, discuter de nos livres et brochures avec eux, les faire venir à un forum hebdomadaire ou à une activité de campagne électorale du SWP — ceci est également nécessaire. C'est de cette façon que nous nous faisons des amis, recrutons et *nous préparons*.

Tout ce que nous venons de dire est un argument pour nous enraciner plus profondément dans les syndicats, pour renforcer nos branches et nos comités d'organisation dans les quartiers ouvriers et pour nous intégrer encore davantage dans les luttes des travailleurs et des agriculteurs à travers le pays. Notre but est d'accroître la confiance en soi, la solidarité et la conscience politique des rangs — et de trouver les travailleurs au sein de l'avant-garde qui deviendront des lecteurs de notre presse, viendront à nos forums et que nous pourrons recruter au parti communiste.

C'est en suivant les lignes réelles de résistance parmi les travailleurs et les agriculteurs qu'un jour, apparemment de nulle part, nous nous retrouverons impliqués dans une lutte d'avant-garde dans laquelle la puissance organisée des rangs commencera effectivement à transformer quelque part une section du mouvement syndical — à travers les institutions des syndicats eux-mêmes. Quand cela arrivera, les syndicats *vont* commencer à se renforcer et on verra même commencer à être remise en cause la mainmise politique du système bipartite impérialiste qui étrangle le mouvement ouvrier. Une toute nouvelle étape dans la politique ouvrière s'ouvrira aux États-Unis.

QUESTION : Je suis un membre des Jeunes socialistes à Los Angeles. Ce matin, vous avez dit que le mouvement communiste s'oriente vers l'avant-garde de la classe ouvrière. J'ai dû entendre cette expression une centaine de fois, mais je n'avais jamais vraiment réfléchi à sa signification avant. Après la présentation, je comprends mieux comment nous sommes en train de construire la direction de ce qui sera le futur mouvement communiste dans ce pays — et je vois ce que veut dire être membre des Jeunes socialistes dans ce contexte.

Vous avez aussi souligné le fait qu'au début des années 60, les staliniens étaient encore assez forts pour aider la révolution cubaine, mais pas assez pour assassiner sa direction révolutionnaire. Pouvez-vous élaborer sur ce qui est arrivé par la suite dans la politique mondiale qui a mené à la désintégration du mouvement stalinien à peine quelques décennies plus tard.

La composante d'une avant-garde plus large de la classe ouvrière

JACK BARNES : Lorsque quelqu'un adhère aux Jeunes socialistes, il ou elle a encore besoin de temps pour comprendre, pratiquement et concrètement, ce qu'est le parti. L'adhésion au parti n'est pas une condition pour être un membre actif des Jeunes socialistes. Mais ce n'est qu'en arrivant à comprendre le parti et ce que nous faisons politiquement qu'un membre des JS découvre vraiment ce qu'est le mouvement communiste.

Le Parti socialiste des travailleurs n'est pas la direction en devenir de la révolution socialiste américaine. Nous ne sommes pas un embryon qui grandira de manière plus ou moins directe par le biais du recrutement pour devenir le parti de la révolution socialiste aux États-Unis. Nous sommes une avant-garde *politique* consciente, sans laquelle on ne pourra rassembler cette direction. Nous sommes un noyau de travailleurs-bolcheviks qui nous soumettons à la discipline d'un parti révolutionnaire centraliste prolétarien. Mais nous sommes constamment à la recherche pour en faire partie d'une avant-garde beaucoup plus large de travailleurs et d'agriculteurs qui se forme dans le cours de luttes diverses et qui dirige *dans l'action*. À mesure que les luttes futures se dérouleront, nous fusionnerons plus d'une fois avec d'autres forces d'avant-garde parmi des travailleurs et des agriculteurs, des forces provenant d'origines différentes et trempées dans le feu d'expériences différentes. La direction de la révolution américaine à venir émergera de ce processus combiné. C'est de cette façon que tout mouvement communiste de masse se construit.

Nous ne disons pas aux nouveaux membres qu'ils adhèrent à ce qui sera la direction de l'avenir. Nous leur offrons l'opportunité de se joindre à l'effort qui est organisé *aujourd'hui* pour trouver cette avant-garde de la classe ouvrière qui change et se développe constamment, travailler avec elle, apprendre d'elle et l'influencer. Pour faire partie d'un mouvement de cadres prolétariens qui ont de la volonté et agissent d'eux-mêmes — qui luttent de toutes les façons nécessaires pour faire la révolution américaine et qui, en le faisant, se battent pour gagner toutes les revendications possibles qui défendent les intérêts des travailleurs et des opprimés.

Personne n'a besoin de se regarder dans un miroir et dire : « J'adhère à la direction de la révolution prolétarienne. » Non, vous adhérez à une section politiquement consciente, une avant-garde politique, de cette direction en émergence, ainsi que l'expliquent les passages du *Manifeste du parti communiste* et de *Que faire?* dont nous avons parlé plus tôt aujourd'hui. C'est un fardeau beaucoup plus léger !

Si la révolution russe et d'autres révolutions victorieuses du dernier siècle peuvent nous servir de guide, cette avant-garde sera beaucoup plus grande et hétérogène que le parti à chaque étape de la lutte de classe et ce, jusqu'à l'insurrection elle-même. À des points tournants importants, cette avant-garde prolétarienne plus large va quelques fois dépasser le parti, elle va nous devancer, et nos cadres devront faire les ajustements nécessaires pour nous intégrer plus pleinement au mouvement au fur et à mesure qu'il se développe en pratique. Ce genre de flexibilité tactique ne peut être démontré dans l'action que par un parti de travailleurs-bolcheviks trempé au niveau du programme et de la théorie, confiant dans son cours stratégique et organisé sur une base centraliste révolutionnaire. C'est le genre de parti dont les cadres gagneront la loyauté et la confiance d'un nombre croissant de travailleurs et d'agriculteurs d'avant-garde, à mesure que nous lutterons côte à côte et en tirerons ensemble les leçons. C'est le noyau du mouvement communiste auquel nous recrutons aujourd'hui.

N'oubliez pas : les travailleurs en lutte décident qui sont leurs dirigeants. Et *c'est* ce qu'ils sont, un point c'est tout. Le parti ne le décide pas. C'est une responsabilité qu'un travailleur-bolchevik *n'a pas*. Et les travailleurs décident qui sont leurs dirigeants à partir de ce que font les individus dans la lutte — pas en fonction du parti, du syndicat, de l'Église ou de toute autre organisation à laquelle ils appartiennent.

Au cours de notre vie politique, chaque fois que nous retournons lire Marx ou Engels, Lénine ou Trotsky, Cannon ou Dobbs, nous y apportons de nouveaux développements dans la politique mondiale et de nouvelles expériences que nous traversons avec d'autres travailleurs, ainsi qu'avec des générations plus récentes dans le parti. Ce n'est pas que la lecture que nous en avions faite avant était moins précise ou moins valable, mais les leçons politiques spécifiques deviennent plus concrètes à cause de ce que nous faisons. Nous redécouvrons l'importance des fins de semaine de formation politique et des écoles socialistes d'été, où le parti et les membres des JS travaillent ensemble, lisent des documents avant les cours, étudient, apprennent et réapprennent l'histoire, la stratégie et la théorie du mouvement communiste. Les membres des Jeunes socialistes découvrent à quel point il est important de participer chaque semaine au Forum ouvrier du *Militant*, où nous discutons et débattons ensemble de la politique avec d'autres travailleurs et jeunes attirés à ces réunions publiques.

Quand nous commençons à organiser un programme de formation marxiste aujourd'hui, imaginons toujours que les nouveaux membres sont en train de dire : « Pas de jargon s'il vous plaît ! » Lorsque nous devons exprimer certaines idées en langage normal, des camarades expérimentés découvrent souvent que nous ne connaissons pas tout ce que nous pensions connaître. Et nous y travaillons ensemble et apprenons. Si nous ne pouvons pas communiquer notre politique largement, de façon à ce qu'elle soit comprise, nous pouvons développer l'illusion du savoir plutôt que sa réalité. Nous pouvons commencer à utiliser le « langage de groupe » vide des organisations repliées sur elles-mêmes.

Notre travail de formation politique aujourd'hui rassemble les plus vieilles générations qui ont adhéré à notre mouvement comme trotskystes et les générations qui ne seront jamais trotskystes. Ma génération et celles qui sont venues avant moi étaient trotskystes comme l'était la génération qui a suivi la mienne. Sans Trotsky et le trotskysme, le mouvement communiste n'aurait pas survécu très longtemps après la consolidation de la caste bureaucratique stalinienne en Union soviétique dans la deuxième moitié des années 20. C'est un fait historique, pas une hypothèse. Il n'y aurait pas eu de Parti socialiste des travailleurs. Il n'y aurait pas eu de lutte pour un parti prolétarien, ni aux États-Unis ni ailleurs.

MAIS AUCUN DES CAMARADES qui adhèrent maintenant, aucun de ceux et celles qui ont adhéré au cours des 15 dernières années n'est trotskyste et ne le sera jamais. Regardez la dernière page de « Leur Trotsky et le nôtre : la continuité communiste aujourd'hui. » C'était à l'origine une présentation publique donnée pendant un congrès de l'Alliance des jeunes socialistes à Chicago à la fin de 1982. « La plupart d'entre nous n'appellerons pas notre mouvement « trotskyste » d'ici la fin de cette décennie, ai-je dit, tout comme Trotsky ne l'a jamais fait. Nous du Parti socialiste des travailleurs, nous sommes communistes. Comme Trotsky[46]. »

C'est ce qui est arrivé dans les faits. Nous sommes purement et simplement des communistes, des travailleurs-bolcheviks. Les dirigeants de notre mouvement qui travaillent à organiser le prochain festival mondial de la jeunesse à Alger sont considérés comme des communistes par la plupart de ceux et celles avec qui nous collaborons dans cet effort, ainsi que par les participants attirés par les livres et brochures que nous apportons à chaque

---

46. Publié pour la première fois en français en 1985 dans le premier numéro de *Nouvelle Internationale*, « Leur Trotsky et le nôtre » a été republié en livre : Jack Barnes, *Leur Trotsky et le nôtre*, New York, Pathfinder, 2004. On trouvera ce passage à la page 162 [tirage de 2009].

rencontre internationale. Nous sommes les gens chez qui vous allez pour obtenir de la littérature communiste. Mais moi et d'autres de ma génération avons joint notre mouvement et avons été formés et éduqués comme trotskystes. Je suis content que nous l'ayons été, tout comme je suis fier que les mêmes générations qui ont initié le tournant du parti vers l'industrie et la reconstruction de nos fractions syndicales industrielles à la fin des années 70 aient aussi initié et dirigé l'effort profond et prolongé au cours duquel nous avons commencé à nous identifier comme des communistes — ce que nous sommes. Dans ce processus, ce qui était spécifiquement notre trotskysme a été absorbé et a disparu. Voilà ce pour quoi Trotsky a lutté ; ce pour quoi Jim Cannon a lutté ; ce pour quoi Farrell Dobbs et Joe Hansen ont lutté ; ce pour quoi notre mouvement a lutté depuis ses origines ici aux États-Unis — pour assurer la continuité, en théorie et en pratique, du bolchevisme et du communisme.

« Nous n'avons aucune nouvelle révélation, » a dit Jim Cannon dans les premières minutes des présentations qui sont devenues *L'histoire du trotskysme américain, 1928-1938*. « Le trotskysme n'est pas un nouveau mouvement, une nouvelle doctrine, mais la restauration, la renaissance du marxisme véritable tel qu'il a été exposé et appliqué au cours de la révolution russe et des premiers jours de l'Internationale communiste [47]. »

TROTSKY A ÉCRIT EN 1937 un merveilleux article intitulé « Le stalinisme et le bolchevisme » que j'ai mentionné dans la présentation ce matin. « Le marxisme, a dit Trotsky, a trouvé

---

47. James P. Cannon, *L'histoire du trotskysme américain*, p. 29-30 [tirage de 2012].

sa plus grande expression historique dans le bolchevisme. Sous la bannière du bolchevisme, le prolétariat a remporté sa première victoire et établi le premier État ouvrier. [...] Le parti bolchevique a pu poursuivre son magnifique travail « pratique » uniquement parce qu'il a éclairé chacun de ses pas avec la théorie. Le bolchevisme n'a pas inventé cette théorie : elle a été élaborée par le marxisme. » Au fur et à mesure que de nouveaux événements ont surgi dans l'histoire, les bolcheviks ont enrichi cette théorie à la lumière de leur activité et des généralisations qu'ils en ont tirées.

« Le bolchevisme, a ajouté Trotsky, a fourni une contribution inestimable au marxisme dans son analyse de l'époque impérialiste comme étant une époque de guerres et de révolutions ; de la démocratie bourgeoise à l'époque du capitalisme en déclin ; de la corrélation entre la grève générale et l'insurrection ; du rôle du parti, des soviets et des syndicats dans la période de la révolution prolétarienne ; dans sa théorie de l'État soviétique, de l'économie de transition, du fascisme et du bonapartisme à l'époque du déclin capitaliste ; et finalement dans son analyse de la dégénérescence du parti bolchevique lui-même et de l'État soviétique. Nommez une seule autre tendance qui ait ajouté quelque chose d'essentiel aux conclusions et aux généralisations du bolchevisme [48]. »

Les staliniens ont cherché à réclamer l'étendard du bolchevisme, avec de moins en moins de succès au fil des décennies. Ils ont également cherché, comme l'a dit une fois Joe Hansen, à faire redorer sur eux l'« éclat rouge » de la révolution cubaine en échange de l'aide militaire et économique de Moscou. L'initiative prise par le gouver-

---

48. Leon Trotsky, « Stalinism and Bolshevism, » in *Writings of Leon Trotsky (1936–37)*, [Écrits de Léon Trotsky, 1936-1937], p. 532, 548.

nement cubain de faire appel à cette aide et la rapidité de la réponse soviétique ont été décisives dans la survie de la révolution. C'était particulièrement vrai dans les premières années, lorsque Washington a commencé à imposer son embargo économique et qu'il espérait toujours écraser la révolution relativement rapidement par une invasion. Dans nos résolutions et dans notre presse, nous avons depuis toujours soutenu la décision de Fidel, de Che et des autres dirigeants cubains de faire appel à cette aide pour défendre et faire avancer non seulement la révolution cubaine, mais aussi la lutte mondiale pour la libération nationale et le socialisme. En même temps cependant, la direction cubaine a toujours été déterminée à limiter sa dépendance vis-à-vis de l'Union soviétique aux niveaux économique, militaire et politique. Elle n'a jamais oublié la leçon qu'elle a tirée de la crise d'octobre 1962, lorsque le premier ministre Nikita Khrouchtchev ne l'a même pas consultée avant d'ordonner le retrait des missiles soviétiques de Cuba.

VOILÀ UN DÉBUT DE RÉPONSE à votre deuxième question, mais il faut souligner un point très important : c'est l'*État ouvrier soviétique* qui était encore assez fort pour fournir de l'aide à Cuba dans ces premières années de la révolution, tandis que c'est le *mouvement stalinien mondial* qui était devenu trop faible pour réussir à organiser l'assassinat de la direction centrale à Cuba. Les deux ne sont pas la même chose : le mouvement stalinien, organisé pour défendre les intérêts de la caste en Union soviétique, a été la plus grande source de l'*affaiblissement* des conquêtes de la révolution d'octobre. C'est l'appareil stalinien qui s'est fracturé et désintégré en 1990-1991. Douze ans plus tard, les impérialistes sont toujours incapables d'infliger à la classe ouvrière là-bas le genre de défaite sanglante qui sera nécessaire pour réimposer la domination et la stabilité des rapports sociaux capitalistes en Russie et dans d'autres républiques de l'ancienne Union soviétique.

Les premiers indices de la désintégration du mouvement stalinien mondial étaient déjà loin derrière nous dans les années 60, mais celui-ci utilisait encore la terminologie marxiste et publiait de grandes quantités non seulement de classiques de Marx, Engels et Lénine, mais aussi de sa propre propagande et de ses propres manuels indigestes — ce que Che a surnommé « les pavés. » Cesser de prétendre au marxisme ne pouvait venir que de l'intérieur de l'Union soviétique elle-même et le point tournant décisif s'est produit au début des années 90 avec ce que Fidel a décrit comme « l'aplatissement de la meringue. » Après cela, il est devenu rapidement impossible à quiconque de trouver à Moscou un appareil pour se procurer même une version falsifiée du marxisme, encore moins l'originale.

Le stalinisme a subi un coup historique qui a brutalement accéléré son déclin. Et bientôt, en termes historiques, nous serons témoins de sa disparition. Mais notre pronostic, le pronostic du mouvement communiste depuis le milieu des années 30, s'est confirmé : la caste bureaucratique s'est révélée plus faible que l'État ouvrier lui-même et le stalin*isme* en tant qu'idéologie ou que courant dans le mouvement ouvrier n'a pas de continuité historique ni de fondations sur lesquelles il peut se perpétuer indépendamment de l'existence de cette caste.

Depuis le début des années 90, la véritable question à propos des pays semi-coloniaux que se posent beaucoup de forces centristes, de radicaux petit-bourgeois et d'autres timorés de toutes sortes est la suivante : sans perspective d'aide de l'Union soviétique, est-il possible — ou même politiquement responsable pourraient dire certains — pour des travailleurs et des paysans où que ce soit de faire une révolution et de porter au pouvoir un gouvernement qui soit de façon intransigeante anti-impérialiste, encore moins socialiste ? Est-il même encore possible dans ce sens de concevoir une révolution socialiste ? Si une telle révolution réussissait d'une manière ou d'une autre à résister ou à survivre à l'assaut politique et militaire des puissances impérialistes, surtout de Washington, ne serait-elle pas soumise par la faim ? Bien sûr, le fond de la question est toujours ceci : « Nous devons faire un compromis avec les sections « progressistes » de notre propre bourgeoisie et des deux partis du gouvernement aux États-Unis. Nous devons procéder lentement et prudemment. Dans ces nouvelles conditions, nous ne pouvons surtout pas défier le pouvoir d'État, la propriété et les prérogatives du capital. »

Certaines de ces forces politiques collaborationnistes de classe invoquent la défaite de la révolution nicaraguayenne comme argument décisif. Nous avons aussi répondu à cet argument. Tout un numéro de *New International* et de *Nueva Internacional* est consacré à une explication de la puissante victoire du gouvernement des travailleurs et des agriculteurs nicaraguayens en 1979 et des raisons pour lesquelles la direction politique du Front sandiniste de libération nationale (FSLN) a rompu avec un cours internationaliste révolutionnaire et a battu en retraite [49].

---

49. « The Rise and Fall of the Nicaraguan Revolution » et « El ascenso y el ocaso de la revolución nicaragüense » [La montée et la chute de la révolution nicaraguayenne] dans *New International* nº 9 et *Nueva Internacional* nº 3 respectivement, New York, 1994.

Nous devrions toujours nous rappeler une chose : les travailleurs et les paysans de Russie dirigés par les bolcheviks n'avaient pas de pouvoir étatique vers lequel se tourner lorsqu'ils ont fait une révolution socialiste en octobre 1917. Ils se sont tournés dans la seule direction possible : vers les travailleurs et les agriculteurs d'Europe, d'Asie et du monde. Ils se sont tournés vers les opprimés et les exploités du monde dominé par l'impérialisme. Leur nouveau gouvernement soviétique a poursuivi une politique étrangère prolétarienne et internationaliste. Dans tous les pays où il le pouvait, il s'est adressé aux travailleurs, paysans et agriculteurs ayant un esprit révolutionnaire pour lancer l'Internationale communiste. Il a offert son exemple et son aide. Il est allé plus profondément parmi les masses populaires de la Russie soviétique elle-même. Il a mis sur pied l'armée rouge et défendu la république des travailleurs et des paysans contre la contre-révolution des propriétaires terriens et des capitalistes et contre l'invasion impérialiste. Et il a profité des divisions entre les puissances impérialistes et les autres gouvernements capitalistes qui lui permettaient de gagner un peu de temps et d'espace — sans jamais induire en erreur les travailleurs, les agriculteurs et les jeunes ayant un esprit révolutionnaire qui suivaient la direction des bolcheviks sur le caractère irréformable de ces régimes bourgeois et la nécessité de s'organiser pour les renverser tous et chacun.

C'EST CE QUE CHERCHERA à refaire tout gouvernement ouvrier et paysan victorieux n'importe où dans le monde. Il commencera avec une carte en main que n'avaient pas les bolcheviks : Cuba révolutionnaire et sa direction, une direction qui n'a jamais refusé d'aider une révolution authentique. Aujourd'hui, les révolutionnaires se battront dans un monde où la classe ouvrière est de multiples fois plus nombreuse sur chaque continent qu'elle ne l'était en 1917. Un monde où les femmes se sont jointes aux bataillons de lutte pour la libération nationale et le socialisme à un degré inconcevable il y a 80 ans. Un monde où les empires coloniaux directs du capital financier se sont considérablement réduits. Un monde où le système impérialiste lui-même est rongé par ses propres conflits qui s'accélèrent et par ses propres contradictions et crises qui s'approfondissent. Un monde où des dirigeants provenant de pays de toute taille, à des niveaux de développement économique très variés et de tout groupement national opprimé ont fait preuve d'une capacité de calibre international en tant que révolutionnaires prolétariens — Thomas Sankara au Burkina Faso, Maurice Bishop à la Grenade et Malcolm X ici aux États-Unis en sont des exemples. Et des militants peuvent lire ce que ces dirigeants révolutionnaires ont dit et ce qu'ils ont fait — dans leurs propres mots — grâce à notre programme de publication communiste vieux de plusieurs décennies, qui est possible seulement à cause des efforts de travailleurs comme vous.

Aujourd'hui il n'y a pas de situation pré-révolutionnaire dans un pays ou une région du monde où il soit posé comme tâche immédiate, concrète et pratique de suivre l'exemple du cours des bolcheviks ou de l'avant-garde cubaine vers la prise du pouvoir et l'établissement d'un gouvernement des travailleurs et des agriculteurs. Là n'est pas la question. La question, c'est que sans une perspective claire sur la nécessité d'une telle trajectoire et sur sa poursuite intransigeante, aucun parti révolutionnaire de l'avant-garde des travailleurs et des agriculteurs ne peut s'éduquer, s'organiser et se tremper comme des travailleurs-bolcheviks aujourd'hui. Et lorsque des guerres, des effondrements capitalistes et des crises sociales engendreront de façon abrupte et inattendue des opportunités révolutionnaires — comme ils le feront encore et encore — il sera trop tard.

Nous ne garantissons pas qu'une révolution n'échouera jamais. Non. Mais nous savons que chaque révolution prolétarienne, même si elle est vaincue, aide à préparer la prochaine — *si* un bilan honnête et des leçons justes ont été tirés par l'avant-garde communiste et mis à la disposition des générations à venir. C'est vrai depuis la Commune de Paris de 1871 jusqu'à aujourd'hui. La question n'est jamais : combien de temps une révolution victorieuse peut-elle tenir ? Des révolutions victorieuses ne « tiennent » pas. Elle ne « s'accrochent » pas. Elles ne se « conservent » pas comme de la confiture de fraises ou d'abricots. Des révolutions victorieuses mettent des forces en mouvement. Elles se répercutent loin au-delà de leurs propres frontières. Elles éduquent et encouragent les travailleurs et les agriculteurs d'autres pays qui luttent contre l'exploitation et l'oppression. Elles galvanisent la solidarité parmi les jeunes et les travailleurs dans les centres impérialistes. Toute l'histoire moderne nous l'enseigne.

D<small>E PLUS LES CONDITIONS</small> économiques et sociales dans lesquelles les révolutions mûrissent et se produisent coïncident inévitablement avec des crises et des divisions parmi les puissances impérialistes elles-mêmes et en provoquent d'autres — et ce sera de plus en plus le cas dans les années à venir. *Le désordre mondial du capitalisme* reste un titre tout aussi actuel qu'il y a deux ans lorsque nous l'avons publié et il le deviendra encore davantage.

Au milieu de toutes ces forces sous et hors contrôle, ce seront le courage, la détermination, la solidarité et la conscience de classe des travailleurs — et la préparation politique, l'expérience de combat, la discipline et la capacité d'agir en temps opportun d'une direction communiste — qui seront décisifs. Pas l'aide de quelque force extérieure. Et chaque pas en avant offrira un exemple et permettra à d'autres révolutionnaires partout dans le monde d'aller eux aussi de l'avant.

LA RÉVOLUTION SOCIALISTE À CUBA

Cuba et la révolution américaine à venir
JACK BARNES

Un livre sur les luttes des travailleurs dans le coeur impérialiste, sur les jeunes que celles-ci attirent et sur l'exemple donné par le peuple cubain que la révolution est non seulement nécessaire, mais qu'on peut la faire. Ce livre porte sur la lutte de classe aux États-Unis, où les capacités politiques et le potentiel révolutionnaire des travailleurs et des agriculteurs sont aujourd'hui aussi totalement ignorés par les puissances dirigeantes que ceux des travailleurs et paysans cubains. Et tout aussi à tort. 10 $ US. Aussi en anglais, espagnol et farsi.

Les Première et Deuxième Déclarations de La Havane
Manifestes de la lutte révolutionnaire dans les Amériques adoptés par le peuple de Cuba

Deux documents adoptés par des assemblées de millions de Cubains en 1960 et 1962. Ces mises en accusation sans compromis du pillage impérialiste et de « l'exploitation de l'homme par l'homme » continuent de servir de manifestes de la lutte révolutionnaire des travailleurs dans le monde entier. 10 $ US. Aussi en anglais, espagnol, farsi, arabe et grec.

Che Guevara et la lutte pour le socialisme aujourd'hui
Cuba fait face à la crise mondiale des années 90
MARY-ALICE WATERS

Le socialisme ne peut être construit que par des hommes et des femmes libres qui travaillent ensemble pour jeter les bases d'une nouvelle société et se transforment en le faisant. Cet engagement a été défendu en action par Che Guevara au cours des premières années de la révolution cubaine. Il demeure un héritage vivant des travailleurs cubains aujourd'hui. 5 $ US. Aussi en anglais et en espagnol.

WWW.PATHFINDERPRESS.COM

CONSTRUIRE UN PARTI PROLÉTARIEN

Le visage changeant de la politique aux États-Unis
La politique ouvrière et les syndicats
JACK BARNES

Un guide pour les travailleurs qui cherchent à construire le genre de parti nécessaire pour nous préparer aux batailles de classe qui viennent, dans lesquelles nous nous révolutionnerons, révolutionnerons nos syndicats et révolutionnerons toute la société. 23 $ US. Aussi en anglais, espagnol, farsi et grec.

L'histoire du trotskysme américain, 1928-1938
Le rapport d'un participant
JAMES P. CANNON

« Le trotskysme n'est pas un nouveau mouvement, une nouvelle doctrine, mais la restauration, la renaissance du marxisme véritable tel qu'il a été exposé et appliqué au cours de la révolution russe et des premiers jours de l'Internationale communiste. » Dans cette série de 12 présentations faites en 1942, James P. Cannon raconte un épisode décisif des efforts déployés pour construire un parti prolétarien aux États-Unis. 17 $ US. Aussi en anglais et en espagnol.

Pathfinder est né avec la révolution d'octobre
MARY-ALICE WATERS

La continuité des éditions Pathfinder remonte sans interruption jusqu'aux forces qui ont cherché dans le monde à défendre et imiter la première révolution socialiste, la révolution d'octobre 1917 en Russie. Des écrits de Marx, Engels, Lénine et Trotsky ; aux paroles de Malcolm X, Fidel Castro et Che Guevara ; aux ouvrages de James P. Cannon, Farrell Dobbs et des dirigeants du mouvement communiste aux États-Unis aujourd'hui — les livres des éditions Pathfinder visent à « faire avancer la compréhension, la confiance et la combativité des travailleurs. » 5 $ US. Aussi en anglais et en espagnol.

Le socialisme en procès

Déposition au procès
pour sédition de Minneapolis

JAMES P. CANNON

Le programme révolutionnaire de la classe ouvrière tel que présenté en 1941, à la veille de l'entrée des États-Unis dans la deuxième guerre mondiale, en réponse à des accusations fabriquées de « conspiration pour sédition » portées contre des dirigeants du mouvement syndical à Minneapolis et du Parti socialiste des travailleurs. Comprend la réponse de l'auteur à des critiques gauchistes. 15 $ US. Aussi en anglais, espagnol et farsi.

Leur Trotsky et le nôtre

JACK BARNES

Pour diriger les travailleurs à la victoire dans une révolution, il faut un parti révolutionnaire de masse dont les cadres, longtemps à l'avance, ont intériorisé un programme communiste international, ont une vie et un travail prolétariens, prennent plaisir à faire de la politique et ont forgé une direction dotée d'un sens aigu de ce qu'il faut faire. Ce livre discute comment construire un tel parti. 12 $ US. Aussi en anglais, espagnol et farsi.

La continuité révolutionnaire

La direction marxiste aux États-Unis

FARRELL DOBBS

L'auteur explique comment des générations successives de combattants ont participé aux luttes du mouvement ouvrier aux États-Unis en cherchant à construire une direction capable de faire avancer les intérêts de classe des travailleurs et des petits agriculteurs et de se lier aux autres travailleurs du monde.

Deux tomes. *Les premières années : 1848-1917.* 17 $ US. En anglais. *Naissance du mouvement communiste : 1918-1922.* 17 $ US. En anglais.

WWW.PATHFINDERPRESS.COM

L'AGRICULTURE, LA SCIENCE ET LES CLASSES TRAVAILLEUSES

L'article qui suit est initialement paru en août 2001 dans l'hebdomadaire socialiste *The Militant*, publié à New York, sous la forme d'une série en quatre volets. Cette série a été rédigée et consolidée ici en un seul article. Steve Clark est le directeur de rédaction de *Nouvelle Internationale* et un membre du Comité national du Parti socialiste des travailleurs aux États-Unis.

Publiée sous le titre « Le communisme et la transformation de la nature par le travail, » la série de quatre articles a été écrite en réponse à une lettre envoyée au *Militant* par Karl Butts, un agriculteur de Floride. Elle s'appuyait sur un cours présenté en juin 2001 par Steve Clark lors d'une conférence socialiste internationale tenue à Oberlin, dans l'État de l'Ohio. Elle est reproduite ici avec l'autorisation du *Militant*.

L'AGRICULTURE, LA SCIENCE ET LES CLASSES TRAVAILLEUSES

Steve Clark

KARL BUTTS a soulevé une bonne question dans sa lettre à la direction du *Militant* sur le paragraphe final d'un article du correspondant Joel Britton paru dans l'édition du 2 juillet du journal. Joel Britton a paraphrasé le directeur d'une coopérative urbaine de culture de légumes à La Havane avec lequel il avait eu une entrevue, lui faisant dire que cette coopérative et d'autres grands potagers urbains « ont commencé par nécessité à utiliser des produits de remplacement pour les pesticides et les engrais chimiques pendant la période spéciale, mais maintenant ils le font par choix. »

Karl Butts a raison de dire qu'en « rapportant cette déclaration particulière » en conclusion de l'article, la presse socialiste peut sembler accorder « un certain poids politique au concept voulant que la production biologique soit préférable à celle où on utilise des produits « chimiques », un point de vue qui n'est ni la position éditoriale du *Militant* ni, je crois, l'opinion de l'auteur de l'article. De plus, fait remarquer Karl Butts, les lecteurs « pourraient aussi en conclure que, de façon générale, Cuba choisit de ne pas utiliser de produits chimiques dans la production agricole. »

Lettre au *Militant* de Karl Butts, Tampa, Floride

J'ai lu l'article de Joel Britton dans votre édition du 2 juillet [2001] intitulé « Les Cubains célèbrent le quarantième anniversaire de l'organisation des agriculteurs. » En tant que petit agriculteur qui a récemment participé à une tournée d'échange entre agriculteurs de Cuba et des États-Unis à l'invitation de l'Association nationale des petits agriculteurs de Cuba (ANAP), j'ai trouvé que l'article offrait un bon résumé de ce que les agriculteurs cubains ont accompli au cours des quatre dernières décennies sous l'impact de leur révolution socialiste et de leur réforme agraire. La description de la façon dont la révolution s'est organisée pour surmonter les pénuries de nourriture du pire moment de la crise économique du début des années 90 — ce que les Cubains appellent la période spéciale — était aussi utile.

Par contre, j'ai lu avec inquiétude le dernier paragraphe de l'article, où Britton cite le directeur d'un des potagers urbains de La Havane. Selon l'article, le directeur a expliqué que « comme dans d'autres grands potagers urbains, ils ont commencé par nécessité à utiliser des produits de remplacement pour les pesticides et les engrais chimiques pendant la période spéciale, mais maintenant, ils le font par choix. »

D'après ce que j'ai compris, le programme des potagers urbains a été mis en place en 1994 comme une des mesures visant à accroître l'accès des travailleurs à la nourriture dans les régions urbaines. La loi qui a établi le programme a stipulé que certains produits chimiques et certains engrais seraient interdits pour protéger les personnes qui vivent et travaillent à proximité de ces fermes. Si c'est vrai, il n'y a donc jamais eu de choix. Tout ceci ne serait qu'un détail, si ce n'était l'impression que les lecteurs du *Militant* pourraient tirer de ce paragraphe — à savoir que la presse socialiste, en rapportant cette déclaration particulière, accorde un certain poids politique au concept voulant que la production biologique soit préférable à celle où l'on utilise des produits « chimiques ». C'est du moins l'impression que j'ai eue. Les lecteurs pourraient aussi en conclure que, de façon générale, Cuba choisit de ne pas utiliser de produits chimiques dans la production agricole.

L'agriculture biologique est un concept bourgeois et n'a aucun rapport avec la lutte pour nourrir le monde. Je ne crois que ce soit dans l'intérêt des travailleurs et des agriculteurs d'accorder quelque crédit que ce soit dans la presse socialiste à ce stratagème de marketing. Les communistes dans les pays impérialistes de-vraient être particulièrement soucieux de ne pas être perçus comme les défenseurs de solutions idéalistes dans un monde où 800 millions de personnes souffrent de faim chronique.

Joel Britton a visité Cuba en mai en tant que correspondant du *Militant* pour couvrir les activités du quarantième anniversaire de l'Association nationale des petits agriculteurs (ANAP). En compagnie d'un producteur laitier du Wisconsin, Randy Jasper, et de Carolyn Lane, membre au Minnesota de Food First [La nourriture d'abord], Joel Britton a également participé du 17 au 19 mai à la quatrième rencontre internationale sur l'agriculture biologique, parrainée par l'Association cubaine des techniciens agricoles et forestiers.

Les réalisations de Cuba

Comme l'a expliqué Joel Britton dans son article : « De nombreuses présentations à la conférence portaient sur la réponse des agriculteurs cubains, avec le soutien de la direction révolutionnaire du pays, à une chute importante au début des années 90 de la disponibilité des engrais chimiques, des herbicides, des pesticides, ainsi que du carburant et des pièces nécessaires pour maintenir les machines en fonctionnement. Les travailleurs et les agriculteurs se sont tournés de manière décisive vers l'utilisation de substituts aux engrais et aux pesticides. Ils ont commencé par exemple à utiliser la bagasse, un résidu de la production de sucre, comme engrais. »

Jusqu'en 1990, les échanges avec l'Union soviétique et d'autres pays du Conseil d'assistance économique mutuelle, la plupart à des conditions avantageuses, représentaient 81 pour cent du commerce extérieur de Cuba. Avec la chute des régimes staliniens en Europe centrale, en Europe de l'Est et en URSS, Cuba a perdu tout moyen d'amortir les chocs du marché capitaliste mondial. Au même moment, les administrations tant démocrates que républicaines ont intensifié la guerre économique de Washington contre Cuba.

Par exemple, pendant les années les plus difficiles de cette crise dans la première moitié des années 90, la consommation par ferme cubaine de carburant diesel et d'autres sources d'énergie à base de pétrole a été réduite de moitié, ce qui a forcé les agriculteurs à faire moindre usage de leurs tracteurs et de leurs autres machines et à revenir à l'utilisation à grande échelle de boeufs dans les champs. L'application d'engrais, d'herbicides et de pesticides chimiques a chuté de 80 pour cent. Les importations de blé et d'autres céréales ont baissé de 50 pour cent et celles de beaucoup d'autres produits alimentaires ont chuté de façon encore plus abrupte.

Une mesure importante prise par le gouvernement révolutionnaire pour répondre aux pénuries de vivres que cette situation a entraînées a été l'organisation des travailleurs pour établir des potagers urbains, souvent sous forme de coopératives. Cette main-d'oeuvre agricole urbaine en croissance fournit des légumes et des fruits frais à des écoles, des hôpitaux et des cafétérias sur les lieux de travail. Les coopératives vendent aussi directement au public et contribuent à approvisionner un réseau de marchés à La Havane et dans d'autres villes. Durant leur voyage, Joel Britton et d'autres participants à la conférence ont visité trois petites fermes du genre dans la région de La Havane organisées en unités de base de production coopérative (UBPC). Les quelque 60 000 Cubains impliqués dans l'agriculture urbaine fournissent plus de 50 pour cent des fruits et légumes frais consommés à La Havane [1]. Comme le souligne Karl Butts dans

---

1. En 2003, les travailleurs impliqués dans l'agriculture à petite échelle dans et autour des villes cubaines ont produit 3,9 millions de tonnes de légumes et d'herbes, comparativement à 4 600 tonnes en 1994. De plus, 250 000 tonnes de riz ont été produites

sa lettre, étant données les grandes concentrations de population vivant autour des potagers, le gouvernement cubain interdit l'utilisation d'engrais ou de pesticides chimiques à l'intérieur des villes.

Pendant la dernière décennie, face à la nette réduction des importations et sous l'impulsion de la politique nationale de santé publique, le gouvernement cubain a éduqué et organisé les agriculteurs et les travailleurs pour qu'ils utilisent des intrants biologiques plutôt que chimiques dans une bonne partie de la production agricole. Des centres ont été établis à travers l'île pour produire du compost enrichi et du phosphate naturel afin de remplacer les engrais chimiques manufacturés. Des pesticides et herbicides à base de bactéries et de champignons ainsi que des prédateurs naturels sont utilisés pour contrôler les insectes et animaux nuisibles aux cultures. Sous la marque Biasav, Cuba a commencé à commercialiser à travers le monde une ligne d'herbicides et de pesticides biologiques. Certaines des méthodes que les agriculteurs utilisent aujourd'hui à Cuba ont des effets à long terme bénéfiques pour le sol, l'eau et la santé des êtres humains et de la faune et de la flore, tout en permettant aux agriculteurs d'améliorer leurs rendements agricoles.

Pas un « âge d'or »

Cependant, comme le fait remarquer Karl Butts, il est tout simplement faux de dire que « de façon générale, Cuba choisit de ne pas utiliser de produits chimiques dans la

---

sur de petits lopins de terre. Environ 350 000 Cubains sont impliqués dans la production alimentaire à petite échelle, principalement dans les villes, presque autant que les 420 000 qui sont employés dans l'agriculture à grande échelle, principalement dans les zones rurales.

production agricole. » Des engrais, des pesticides et des herbicides synthétiques sont utilisés dans la production de sucre, historiquement le principal produit d'exportation cubain, ainsi que dans la culture du riz, du café, du tabac, de la pomme de terre et de beaucoup d'autres denrées. De plus, à mesure que les conditions économiques s'amélioreront et leur permettront de le faire, le gouvernement et le peuple cubains choisiront encore sans doute d'augmenter l'utilisation des intrants et des technologies agricoles chimiques qui sont relativement sans danger, si leur usage permet aux agriculteurs et aux travailleurs agricoles d'augmenter la productivité, de réduire le travail éreintant, et de nourrir et habiller plus de personnes à moindres frais.

Au nom de la protection de l'environnement et parfois aussi au nom de la défense de la révolution cubaine, des organisations et des individus présentent les mesures que les Cubains ont été forcés d'adopter dans des conditions de crise comme un retour à une sorte d'âge d'or idyllique. Un article de février 2001 du PDG de la Gardener's Supply Company, basée au Vermont, en fournit un exemple. « Cuba, peut-on y lire, est en tête du monde en voie de développement dans le compostage à petite échelle, la bonification biologique du sol, la recherche sur l'irrigation et la rotation des cultures, la traction animale (boeufs) et d'autres pratiques innovatrices. »

Il est vrai que Cuba est à la tête du monde semi-colonial. Les réalisations des travailleurs et agriculteurs cubains durant et après la période spéciale offrent une confirmation frappante de leur engagement face à la révolution socialiste. Ce qu'ils ont accompli dans les conditions économiques et sociales extrêmement difficiles des années 90 aurait été inconcevable dans n'importe quel autre pays du monde aujourd'hui.

Mais y inclure, sans aucune réserve, le retour des agriculteurs à l'utilisation de la traction animale est une toute autre histoire. S'il est vrai que l'attelage de boeufs pour labourer les champs a été une « pratique innovatrice » il y a 6 000 ans dans la période néolithique de l'humanité, il est aussi vrai que peu de producteurs cubains décriraient son utilisation considérable aujourd'hui autrement que comme une nécessité à laquelle ils entendent mettre fin aussitôt que les conditions le permettront.

Que veut dire « biologique » ?

Les points soulevés par Karl Butts vont au-delà des politiques agricoles de la révolution cubaine au cours des dix dernières années. Ils soulèvent une des questions les plus fondamentales de la théorie et de la pratique communistes : la transformation de la nature par le travail social, sans laquelle la lutte de la classe ouvrière pour mettre fin à l'exploitation et à l'oppression est une illusion utopique.

Un dirigeant fondateur du mouvement ouvrier révolutionnaire moderne, Karl Marx a écrit dans *Le Capital* :

> Le travail est d'abord un procès qui se passe entre l'homme et la nature, un procès dans lequel l'homme règle et contrôle son métabolisme avec la nature par la médiation de sa propre action. Il se présente face à la matière naturelle comme une puissance naturelle lui-même. Il met en mouvement les forces naturelles de sa personne physique, ses bras et ses jambes, sa tête et ses mains pour s'approprier la matière naturelle sous une forme utile à sa propre vie. Mais en agissant sur la nature extérieure et en la modifiant par ce mouvement, il modifie aussi sa propre nature. Il

développe les potentialités qui y sont en sommeil et soumet à sa propre gouverne le jeu des forces qu'elle recèle [2].

Comme le dit Karl Butts, l'idée que l'agriculture biologique est d'une certaine manière supérieure par nature à l'utilisation par les agriculteurs d'intrants synthétiques est fausse et contraire aux intérêts de la grande majorité travailleuse de l'humanité. Lorsque des participants à une réunion de direction nationale du Parti socialiste des travailleurs en mai 2001 ont employé des formulations qui prêtaient à une telle interprétation erronée, le secrétaire national du SWP Jack Barnes leur a répondu dans son rapport de clôture de la réunion.

« Lorsque utilisé pour parler de nourriture, a-t-il demandé, qu'est-ce que le mot « biologique » en est venu à signifier pour les travailleurs ? Il veut dire « plus cher » — voilà ce qu'il signifie. Tous les produits du travail humain sous le capitalisme sont transformés en marchandises. Lorsque vous voyez quelque chose à l'épicerie appelé « biologique », ça veut simplement dire que le département de l'Agriculture des États-Unis a accepté qu'on y accole une étiquette permettant aux commerçants d'en augmenter le prix. »

Il y a une décennie, on ne trouvait ces aliments biologiques que dans les magasins spécialisés d'« aliments naturels » approvisionnant un petit marché dont la clientèle était largement petite-bourgeoise (la différence de prix était encore plus grande à cette époque). Aujourd'hui toutefois, pratiquement tous les monopoles alimentaires

---

2. Karl Marx, *Le Capital*, livre 1, Paris, Presses universitaires de France, 1993, p. 199. Publié pour la première fois en allemand en 1867.

ont acheté de petites compagnies et lancé leur propre gamme de produits. General Mills, Gerber, Dole, Heinz, ConAgra, Archer Daniels Midland ont tous leurs propres marques « biologiques », qu'ils vendent au prix fort dans un créneau grandissant des chaînes de supermarchés. (La révolution cubaine a elle-même pu accéder à ce créneau pour compenser au moins une portion minime de ses pertes provenant de la baisse des cours du sucre sur le marché capitaliste mondial. En n'utilisant que des intrants biologiques, Cuba a récemment commencé à cultiver une petite quantité de sucre qu'elle vend — à un prix très supérieur au prix moyen du sucre — aux chocolatiers européens et aux fournisseurs spécialisés de sucre brun biologique emballé.)

Depuis ses origines au milieu du dix-neuvième siècle, l'agriculture biologique en tant que « cause » — par opposition à une méthode de culture particulière — a été associée à une méfiance à l'égard de la science et de la technologie par des couches de la classe moyenne et des cercles bourgeois bohèmes. Plusieurs de ses défenseurs dans les cinq ou six premières décennies du vingtième siècle étaient aussi affiliés à l'extrême droite politique. Ils avaient des affinités avec les adeptes de droite des théories de la conspiration qui faisaient campagne dans les années 50 et 60 pour arrêter la fluoration de l'eau et des dentifrices — un effort qui a été ranimé ces dernières années avec l'appui de Ralph Nader et de divers autres réformateurs capitalistes qui se définissent comme des « écologistes ».

Comment le capitalisme fonctionne

« Lorsque les travailleurs et les agriculteurs ayant une conscience de classe parlent d'agriculture « durable », a dit Jack Barnes à la réunion de direction du SWP, « ce que nous visons à faire durer, c'est la transformation de plus en plus productive de la nature par le travail social afin de satisfaire les besoins de l'humanité. »

Étant donnés la concurrence entre les capitaux et les impératifs de la recherche et du développement dans le domaine de la guerre qui caractérisent le système impérialiste, a-t-il ajouté, rien n'arrêtera l'application de la science et de nouvelles techniques à la production tant industrielle qu'agricole. En même temps, rien n'arrêtera l'allocation de capitaux visant à maximiser l'extraction à court terme de plus-value par les dirigeants. Voilà ce qui fait avancer la production capitaliste, *pas* la promotion de la santé et du bien-être des humains ni la réalisation d'objectifs sociaux à long terme. Toutes les marchandises sous le capitalisme sont produites et commercialisées dans l'unique but de faire des profits — et non pas de satisfaire un besoin humain. C'est pourquoi, a dit Jack Barnes, elles peuvent toutes être, « peu importe qu'elles soient « naturelles » ou « synthétiques », exposées aux poisons et à la contamination ou sujettes à une fabrication de mauvaise qualité. »

Jack Barnes a abordé ces questions politiques dans une section de son livre de 1999, *Le désordre mondial du capitalisme : la politique ouvrière au millénaire*. « De véritables horreurs environnementales se multiplient aujourd'hui sous le capitalisme. (Les régimes staliniens sont aussi responsables de désastres inimaginables à travers l'Europe centrale et de l'Est et en URSS.) Les gouvernements révolutionnaires des travailleurs et des agriculteurs peuvent et vont renverser cette tendance meurtrière [3]. »

Karl Marx et Friedrich Engels ont écrit de manière saisissante et convaincante à propos de la destruction

---

3. Jack Barnes, *Le désordre mondial du capitalisme : la politique ouvrière au millénaire*, New York, Pathfinder, 2000, p. 383 [tirage de 2010].

par le capital du sol, de l'eau et de l'air — les bases de la vie et de la civilisation humaines. Même avant d'avoir pleinement développé leur vue prolétarienne du monde, a souligné Jack Barnes, ils étaient deux jeunes à l'esprit révolutionnaire qui avaient été profondément marqués par ce qu'ils voyaient partout autour d'eux — que ce soit dans la Rhénanie allemande où ils avaient grandi et qui commençait à s'industrialiser ou durant des voyages en Grande-Bretagne où le régime de la grande industrie était le plus avancé au monde. Ils ont pris conscience des conséquences néfastes du capitalisme sur l'alimentation et les conditions sanitaires de la classe ouvrière et sur l'accélération de la pollution de l'environnement naturel.

Déjà en 1845, presque deux ans avant que Marx et Engels, encore dans la vingtaine, n'adhèrent à une organisation ouvrière et aident à rédiger son programme, le *Manifeste du parti communiste*, ils avaient observé que dans le développement du capitalisme « il arrive un stade où naissent des forces productives […] qui ne peuvent être que néfastes dans le cadre des rapports existants et ne sont plus des forces productives, mais des forces destructrices [4]. »

II

POUR FAIRE AVANCER la lutte mondiale pour le socialisme, il est nécessaire de combler l'énorme écart dans les conditions économiques, sociales et culturelles qui existe entre les travailleurs des différents pays, ainsi qu'entre les travailleurs des villes et des campagnes.

---

4. Karl Marx et Friedrich Engels, « L'idéologie allemande, » *Oeuvres choisies*, tome 1, Moscou, éditions du Progrès, 1978, p. 37.

Ces inégalités sont le produit de millénaires de société de classe et ont été reproduites par l'ordre impérialiste mondial au cours du dernier siècle.

Environ deux milliards de personnes par exemple n'ont accès ni à l'électricité ni à aucun combustible, sauf les plus primitifs, pour la cuisine ou le chauffage. Les bougies et le kérosène pour l'éclairage, le bois, le fumier, le chaume et la paille pour le feu (tous avec leurs fumées nocives tant pour les humains que pour l'atmosphère terrestre) : voilà le lot d'au moins le tiers de l'humanité. Les pays impérialistes d'Amérique du Nord, d'Europe et du Pacifique, qui abritent 14 pour cent de la population mondiale, consomment environ 57 pour cent de l'électricité produite dans le monde. Par contre l'Asie et le Pacifique (à l'exception du Japon et de la Chine), où vit 31 pour cent de la population mondiale, ne consomment que 10 pour cent de l'électricité. L'Afrique subsaharienne, qui compte près de 10 pour cent de la population mondiale, en consomme 1 pour cent.

Les différences dans l'application des techniques agricoles qui permettent aux cultivateurs d'accroître leur productivité fournissent une autre indication de cette inégalité globale perpétrée par le régime capitaliste mondial. Les agriculteurs dans les pays impérialistes utilisent 16 tracteurs par millier d'acres de terre [1 acre = 0,407 hectare] tandis que ceux du reste du monde n'en utilisent en moyenne que 3. À l'exception des pays semi-coloniaux de l'Asie de l'Est qui produisent du riz, les agriculteurs utilisent beaucoup plus d'engrais par hectare en Amérique du Nord, en Europe, en Australie, en Nouvelle-Zélande et au Japon.

Cet état arriéré de l'agriculture et de l'industrie imposé par l'impérialisme a des effets dévastateurs sur les conditions et le développement économiques, sociaux et culturels des travailleurs et des paysans d'Asie, d'Afrique et d'Amérique latine. Selon même les agences internationales du capital financier, qui sous-estiment la réalité, environ 47 pour cent de la population mondiale, soit près de la moitié, subsiste avec moins de deux dollars par jour ; 40 pour cent n'a pas accès à des installations sanitaires de base. D'autres évaluations semblables font état d'au moins un milliard d'adultes illettrés dans le monde, soit plus du quart de la population adulte des pays opprimés d'Asie, d'Afrique et d'Amérique latine. Ce taux s'élève à 60 pour cent des adultes en Afrique subsaharienne et à 55 pour cent de ceux d'Asie du Sud, avec des taux beaucoup plus élevés pour les femmes, non seulement dans ces régions, mais aussi dans la plupart des autres régions du monde. Et comme le fait remarquer Karl Butts à la fin de sa lettre, le Programme alimentaire mondial de l'ONU estime qu'environ 800 millions d'individus souffrent de faim chronique et beaucoup plus de malnutrition.

La continuité avec le bolchevisme

Les conditions préalables pour faire progresser la lutte pour le socialisme à l'échelle mondiale aujourd'hui demeurent fondamentalement les mêmes que celles présentées il y a huit décennies par le dirigeant bolchevique V. I. Lénine. Expliquant en février 1920 le rôle central des efforts pour développer l'industrialisation de la jeune république soviétique, Lénine a dit :

> Nous devons montrer [aux paysans] que l'organisation de l'industrie sur la base supérieure moderne, sur la base de l'électrification qui liera villes et campagnes, mettra fin à la discorde entre la ville et la campagne, permettra d'élever le niveau

culturel des campagnes, de vaincre même dans les coins les plus reculés l'arriération, l'ignorance, la misère, les maladies et la barbarie [5].

La construction du socialisme, a dit Lénine à la fin décembre de la même année, exige de la part des travailleurs engagés dans cet effort historique plus que de savoir lire et écrire. « Il faut que ceux qui travaillent soient cultivés, conscients, instruits, » de façon à ce que non seulement les travailleurs des villes mais aussi « la majorité des paysans se représentent exactement la mission qui nous incombe [6]. »

Des méthodes traditionnelles ?

Karl Butts a raison de dire qu'élever l'agriculture « biologique » en fétiche ne prend pas comme point de départ « la lutte pour nourrir le monde. » Ceux qui rejetteraient les progrès de la chimie et de la technologie agricoles en faveur de ce que les partisans de l'agriculture biologique appellent parfois des méthodes naturelles ou traditionnelles devraient se rappeler trois choses.

Premièrement, l'espérance de vie à la naissance dans les premières communautés agricoles il y a environ 10 000 ans était très inférieure à trente ans.

Deuxièmement, grâce aux progrès scientifiques dans la sélection des plantes, les engrais, les pesticides, l'irrigation et la mécanisation, les rendements mondiaux de céréales ont doublé depuis 1960, alors qu'il a fallu mille

---

5. V. I. Lénine, « Rapport d'activité du Comité exécutif central de Russie, » *Oeuvres*, tome 30, Moscou, éditions du Progrès, 1976, p. 346.

6. V. I. Lénine, « Rapport sur l'activité du Conseil des commissaires du peuple, » *Oeuvres*, tome 31, p. 539.

ans en Angleterre pour que les rendements de blé quadruplent jusqu'à leurs niveaux actuels.

Troisièmement, il y a peu de méthodes aussi destructrices pour l'environnement et aussi contraires à une production alimentaire viable que la culture sur brûlis et le surpâturage, tous deux typiques de l'agriculture soi-disant traditionnelle dans une bonne partie du monde. L'utilisation par les agriculteurs de méthodes relativement modernes de rotation des cultures et l'utilisation d'engrais et de pesticides tant naturels que synthétiques représentent un progrès énorme et « non naturel » au cours des siècles récents autant pour les êtres humains que pour l'environnement dans lequel nous vivons et travaillons.

L'agriculture capitaliste s'est développée en alliant des progrès dans la productivité du travail agricole avec l'utilisation de méthodes pour maximiser les profits qui épuisent et érodent le sol, polluent les sources d'eau et empoisonnent les agriculteurs, les travailleurs et les consommateurs. Marx a écrit longuement sur ces questions dans *Le Capital*, à un moment où de grands progrès dans la connaissance de la chimie de la fertilité des sols permettaient enfin d'utiliser des engrais synthétiques pour contrecarrer l'épuisement des sols et accroître substantiellement les rendements. Les travailleurs d'usine ont produit les premiers engrais « superphosphates » en Grande-Bretagne en 1843, puis en Allemagne, en France et aux États-Unis au cours des trois décennies suivantes.

Marx a répondu à certains des premiers écrivains bourgeois qui ont écrit sur l'agriculture et qui, « les connaissances en chimie agricole étant à leur époque insuffisantes, » émettaient l'opinion erronée selon laquelle « il était impossible d'investir n'importe quelle masse de capital sur une surface délimitée. » Au contraire, dit Marx dans

Le Capital, « la terre judicieusement traitée s'améliore sans cesse. » De ce point de vue, l'agriculture a en fait un avantage sur la production en usine. Les nouvelles machines se déprécient avec l'usage, a-t-il fait remarquer, et les investissements dans les nouvelles technologies industrielles tendent à rendre les améliorations antérieures obsolètes. Tandis qu'avec le sol, il est possible de « faire fructifier des investissements successifs de capital, sans pour autant perdre le bénéfice des précédents [7]. »

EN MÊME TEMPS, Marx reconnaissait que dans le cadre des relations sociales bourgeoises l'application de toutes les améliorations technologiques et scientifiques est soumise à la concurrence entre capitaux pour maximiser les profits. Dans le chapitre suivant du *Capital*, « Genèse de la rente foncière capitaliste, » il souligne les conséquences de la domination grandissante du capital sur l'agriculture, qui enfonce de plus en plus de petits agriculteurs et leurs familles dans des dettes dont ils ne peuvent se dégager et les chasse ensuite de leur propre terre. Ce processus « réduit la population agricole à un minimum, à un chiffre qui baisse constamment en face d'une population industrielle concentrée dans les grandes villes et qui s'accroît sans cesse ; […] il s'ensuit un gaspillage des forces du sol. » Marx ajoute :

> « La grande industrie et la grande agriculture exploitée industriellement agissent dans le même sens. Si, à l'origine, elles se distinguent parce que la première ravage et ruine davantage la force de

---

7. Karl Marx, *Le Capital*, livre 3, Moscou, éditions du Progrès, 1984, p. 817.

travail, donc la force naturelle de l'homme, l'autre plus directement la force naturelle de la terre, elles finissent en se développant par se donner la main : le système industriel à la campagne finissant aussi par débiliter les travailleurs ; et l'industrie et le commerce, de leur côté, fournissant à l'agriculture les moyens d'épuiser la terre [8].

Dans une section du *Capital* intitulée « Grande industrie et agriculture, » Marx écrit :

> Le mode d'exploitation le plus routinier et le plus irrationnel est remplacé par l'application technologique consciente de la science. Le mode de production capitaliste consomme la rupture du lien de parenté qui unissait initialement l'agriculture et la manufacture au stade infantile et non développé de l'une et de l'autre. Mais cette rupture crée en même temps les présupposés matériels d'une nouvelle synthèse à un niveau supérieur, de l'association de l'agriculture et de l'industrie.

En même temps que le capitalisme « crée les conditions matérielles » pour un tel progrès, poursuit Marx, l'exploitation forcenée par les familles possédantes à la fois des êtres humains et de la nature crée un obstacle insurmontable à cette synthèse et donc au progrès de la civilisation. Il écrit :

> Comme dans l'industrie urbaine,
> l'augmentation de la force productive et le plus

---

8. Ibid., p. 848.

grand degré de fluidité du travail sont payés dans l'agriculture moderne au prix du délabrement et des maladies qui minent la force de travail proprement dite. Et tout progrès de l'agriculture capitaliste est non seulement un progrès dans l'art de piller le travailleur, mais aussi dans l'art de piller le sol ; tout progrès dans l'accroissement de la fertilité pour un laps de temps donné est en même temps un progrès de la ruine des sources durables de cette fertilité. [...] Si bien que la production capitaliste ne développe pas la technique et la combinaison du procès de production social qu'en ruinant dans le même temps les sources vives de toute richesse : *la terre et le travailleur*[9].

Friedrich Engels, toute sa vie collaborateur de Marx dans la direction du mouvement communiste, a lui aussi décrit ce processus dans beaucoup de ses écrits, y compris dans l'article inachevé de 1876 « Le rôle du travail dans la transformation du singe en homme. » Cet article a été publié en anglais par les éditions Pathfinder en annexe au livre d'Engels *L'origine de la famille, de la propriété privée et de l'État*. Engels écrit :

> Les planteurs espagnols à Cuba qui incendièrent les forêts sur les pentes et trouvèrent dans la cendre assez d'engrais pour *une* génération d'arbres à café extrêmement rentables, que leur importait que par la suite les averses tropicales emportent la couche de terre superficielle désormais sans protection, ne laissant derrière que les rochers nus ? Vis-à-vis de

---

9. Karl Marx, *Le Capital*, livre 1, p. 565-567.

la nature comme de la société, on ne considère principalement, dans le mode de production actuel, que le résultat le plus proche, le plus tangible ; et ensuite on s'étonne encore que les conséquences lointaines des actions visant à ce résultat immédiat soient tout autres, le plus souvent tout à fait opposées [10].

L'impérialisme, le pyromane

L'exemple que donne Engels, tiré des premières années du capitalisme au dix-huitième siècle et au début du dix-neuvième siècle, reste une description juste du caractère rapace et destructeur du capital financier international jusqu'à ce jour. Il rappelle le discours prononcé en 1986 lors d'une conférence internationale à Paris pour la protection de l'arbre et de la forêt par Thomas Sankara, dirigeant du gouvernement révolutionnaire populaire au pouvoir de 1983 à 1987 au Burkina Faso, une ancienne colonie française d'Afrique de l'Ouest.

Sankara a décrit la désertification rampante au Burkina Faso et dans plusieurs autres pays situés à la limite septentrionale de l'Afrique subsaharienne. L'épuisement du sol — qui progresse mois après mois, année après année, d'un bout à l'autre du continent — contribue à la faim, aux maladies et à la dévastation économique et sociale de millions de personnes. « Je suis venu me joindre à vous pour déplorer les rigueurs de la

---

10. Friedrich Engels, « Le rôle du travail dans la transformation du singe en homme, » Karl Marx et Friedrich Engels, *Oeuvres choisies*, tome 3, Moscou, éditions du Progrès, 1976, p. 77-78 ; publié en anglais dans *The Origin of the Family, Private Property, and the State*, New York, Pathfinder, 1972, p. 275 [tirage de 2010].

nature, » a dit Sankara aux participants de la conférence parmi lesquels se trouvaient le président de la France et d'autres personnalités dirigeantes du gouvernement impérialiste. « Je suis venu à vous pour dénoncer l'homme dont l'égoïsme est cause du malheur de son prochain. Le pillage colonial a décimé nos forêts sans la moindre pensée réparatrice pour nos lendemains. » Il a ajouté :

> La perturbation impunie de la biosphère par des rallyes sauvages et meurtriers, sur terre et dans les airs, se poursuit. [...] Ceux qui ont les moyens technologiques pour établir les culpabilités n'y ont pas intérêt et ceux qui y ont intérêt n'ont pas les moyens technologiques. Ils n'ont pour eux que leur intuition et leur intime conviction.
>
> Nous ne sommes pas contre le progrès, mais nous souhaitons que le progrès ne soit pas anarchique et criminellement oublieux des droits des autres. Nous voulons donc affirmer que la lutte contre la désertification est une lutte pour l'équilibre entre l'homme, la nature et la société. À ce titre, elle est avant tout une lutte politique et non une fatalité. [...]
>
> Karl Marx le disait, on ne pense ni aux mêmes choses, ni de la même façon selon que l'on vit dans une chaumière ou dans un palais. Cette lutte pour l'arbre et la forêt est surtout une lutte anti-impérialiste. Car l'impérialisme est le pyromane de nos forêts et de nos savanes [11]. »

---

11. Thomas Sankara, *Nous sommes les héritiers des révolutions du monde*, New York, Pathfinder, 2001, 2008, p. 95-97 [tirage de 2018].

III

La campagne quasi-hystérique contre les aliments produits à partir de semences ayant reçu une séquence de matériel génétique (ADN) d'une autre espèce de plante — ce qu'on appelle les organismes transgéniques ou organismes génétiquement modifiés (OGM) — est le plus récent point de fixation de la peur, de l'anxiété et de l'ignorance petites-bourgeoises face au mépris du capital pour la vie et la nature.

Depuis l'aube de l'agriculture et de la domestication, l'humanité a continuellement modifié la structure génétique des plantes et des animaux. S'il n'en avait pas été ainsi nous n'aurions pas le bétail, les porcs, les chevaux, les chats et les chiens que nous connaissons aujourd'hui, ni les variétés de blé, de maïs, de riz, de légumes, de coton et d'autres produits que nous utilisons comme aliments et fibres. Ces modifications ont été le produit de croisements sélectifs visant à produire de nouvelles variétés et des caractéristiques désirées. La production d'OGM implique le transfert de gènes d'une espèce à une autre.

Il n'y a pas eu de tollé contre ce procédé scientifique (et il n'y en a largemement toujours pas) quand il a d'abord été utilisé dans la production d'insuline (dont ont besoin les diabétiques) en quantité et qualité supérieures à ce que permettait l'extraction de l'insuline du pancréas des porcs et des vaches, le procédé utilisé jusqu'alors. Il y a eu peu ou pas de tollé contre le développement d'un vaccin « biotechnologique » pour traiter l'hépatite B et de nombreux autres médicaments au cours des 20 dernières années. Mais avec l'application du génie génétique à l'agriculture au cours des 6 dernières années, on a entendu grandir l'agitation de divers groupes environnementalistes et d'organisations de protestation apparentées à mesure qu'ils attiraient des promoteurs bourgeois cherchant à promouvoir leurs propres intérêts de possédants et un bon nombre d'adeptes venant de la classe moyenne.

Puisque la production des OGM est dominée par des agro-industries géantes U.S. et que ces plantes sont le plus largement semées dans des champs U.S., la question est devenue un ballon de football politique dans la compétition interimpérialiste qui s'intensifie pour le contrôle des marchés, entre Wall Street et Washington d'un côté et leurs rivaux en Europe et en Asie de l'autre. Le prince Charles du Royaume-Uni est devenu un des porte-parole les plus connus de la campagne contre les OGM en Europe. Dans un discours largement diffusé en mai 2000, son Altesse royale a réclamé la redécouverte de « l'unité et de l'ordre essentiels du monde vivant et spirituel — comme dans le cas de l'agriculture biologique, » ainsi que l'amélioration « des systèmes traditionnels d'agriculture qui ont passé l'épreuve ultime du temps. »

(Il semble pertinent de se rappeler ici que son autre Altesse royale, la défunte princesse Diana, a aidé à mener une autre campagne internationale servant les intérêts de la bourgeoisie impérialiste, celle-là en appui au traité international contre l'utilisation des mines antipersonnel. Le gouvernement cubain a refusé de signer ce pacte, soulignant à juste titre que — face aux gouvernements impérialistes qui font pression pour faire adopter ce traité et sont beaucoup plus massivement armés et face à leurs guerres de conquête incessantes — les mines antipersonnel demeurent « les armes du pauvre. »)

Les bannières et les affiches exigeant « Arrêtez les aliments Frankenstein ! » sont devenues des denrées de consommation courante dans le mélange de slogans protectionnistes, nationalistes et anti-grand capital lancés par un éventail de réformateurs environnementalistes, d'officiers syndicaux, d'agriculteurs craignant la concurrence croissante des monopoles, ainsi que d'anarchistes et d'autres courants radicaux petits-bourgeois. Leurs cris se sont fait entendre à l'extérieur de réunions d'associations impérialistes comme l'Organisation mondiale du commerce, le Fonds monétaire international et les gouvernements du « G-8 » — de Seattle et Prague à Melbourne et Québec ; de Washington et Davos à Göteborg et Genève.

Les semences génétiquement modifiées utilisées jusqu'à maintenant dans l'agriculture ont principalement servi à augmenter la résistance des cultures aux insectes et aux désherbants. Les OGM permettent aux agriculteurs d'obtenir de meilleurs rendements tout en utilisant moins de pesticides coûteux et toxiques. On développe aussi des semences qui requièrent moins de labourage et limitent l'érosion qui en découle, qui résistent mieux à la sécheresse et qui font germer du riz et d'autres céréales ayant une valeur nutritive enrichie.

Depuis la première plantation pour le marché de semences génétiquement modifiées au milieu des années 90, on en a développé pour le maïs, le coton, la courge, la pomme de terre, le colza, le soja et la betterave à sucre. Plus d'un cinquième de tout le maïs aux États-Unis est maintenant produit de cette façon. L'utilisation de semences OGM est encore plus élevée dans le cas du soja. Les surfaces cultivées avec des semences génétiquement modifiées ont augmenté de vingt fois à l'échelle mondiale, presque entièrement aux États-Unis, au Canada et en Argentine [12].

---

12. De 1996 à 2003, la superficie globale des cultures d'OGM a augmenté de quarante fois — à 167 millions d'acres cultivés par 7 millions d'agriculteurs dans 18 pays. En 2002 aux États-Unis,

Aucune preuve de nuisance

Malgré le ton strident des campagnes contre la « pollution génétique, » on ne connaît aucun cas d'être humain où que ce soit dans le monde qui ait été affecté par des aliments ou des médicaments parce qu'ils auraient été produits de cette manière. Il n'y a aucun exemple d'armée terrifiante de « super-mauvaises herbes » triomphant dans les champs et marécages. En fait, de par leur origine même, les plantes génétiquement modifiées exigent beaucoup de soin et de travail humains. Livrées à elles-mêmes, elles sont peu adaptées à la nature « toute de dents et de griffes. »

La vision du monde promue par différents défenseurs de la supériorité inhérente de l'agriculture « biologique » n'est pas neutre du point de vue de ses effets sur les conditions et les perspectives de libération des travailleurs aussi bien des nations opprimées d'Asie, d'Afrique et d'Amérique latine que des pays impérialistes. Par exemple, des organisations environnementalistes ont mené avec succès une campagne contre le DDT, un pesticide incontestablement toxique, qui a conduit à la fin opportune de son utilisation dans l'ensemble du monde impérialiste. Mais on n'alloue ni la même énergie ni les mêmes ressources pour faire campagne contre les différents gouvernements et agences impérialistes qui refusent de subventionner l'utilisation du DDT dans quelque 25 pays semi-coloniaux où — utilisé en quantités relativement petites — il reste le meilleur moyen de lutte contre les moustiques qui

---

75 pour cent de la culture de soja, 71 pour cent de celle du coton et 34 pour cent de celle du maïs se faisaient par des agriculteurs utilisant des semences OGM. Les cinq autres pays qui ont les plus grandes surfaces de cultures transgéniques sont l'Argentine, le Canada, le Brésil, la Chine et l'Afrique du Sud.

propagent la malaria. Cette maladie tue plus d'un million de personnes chaque année dans le monde, des enfants pour la plupart. Certaines souches réapparaissent tout au long de la vie de ceux qui sont « guéris ».

Le capitalisme gâche tout

Comme c'est le cas de toutes les créations du travail humain, les produits de la science et de la technologie sont utilisés par les exploiteurs capitalistes pour maximiser leurs profits individuels, pas pour satisfaire les besoins sociaux. Sans la mobilisation politique indépendante des travailleurs et de leurs alliés pour lutter pour le pouvoir politique, les employeurs, leurs gouvernements et leurs partis politiques agissent en ne tenant aucun compte des conséquences de leurs gestes sur la santé et la sécurité des êtres humains ou sur l'environnement naturel. Parce que les « capitalistes individuels produisent et échangent pour le profit immédiat, écrivait Engels en 1876, on ne peut prendre en considération au premier chef que les résultats les plus proches, les plus immédiats. Pourvu que, individuellement, le fabricant ou le négociant vende la marchandise produite ou achetée avec le profit recherché, il est satisfait et ne se préoccupe pas de ce qu'il advient ensuite de la marchandise et de son acheteur [13]. »

Ceci est vrai que la marchandise soit une Ford Explorer, du jus de pomme biologique Odwalla, un morceau de charbon de A. T. Massey, un Boeing 757, du soja génétiquement modifié ou bien un épis de maïs hybride sélectivement croisé il y a un siècle ou plus. Dans tous ces cas, la santé et la sécurité des travailleurs, des agriculteurs et du public en général sont sacrifiées sur l'autel des profits par les agences d'un gouvernement qui représente

---

13. Friedrich Engels, op. cit., p. 77 ; en anglais, op. cit., p. 274-275.

les intérêts de classe du capital à l'aide d'« inspections » légères et de « règlements » peu contraignants.

La « **police des semences** »

La plus importante question sociale soulevée par l'arrivée des OGM est celle sur laquelle la presse bourgeoise et la plupart des adversaires des modifications génétiques attirent le moins l'attention. Les grandes entreprises capitalistes comme Monsanto, Pioneer et Dow utilisent cette innovation pour intensifier l'exploitation des petits agriculteurs.

Face à la compétition exercée par les agriculteurs capitalistes, les petits producteurs ne peuvent pas se permettre de renoncer aux méthodes et technologies nouvelles qui réduisent leurs heures de travail (et leur fardeau) et diminuent le coût des intrants. Un petit agriculteur qui veut continuer à travailler la terre ou élever du bétail ne peut se permettre d'utiliser des chevaux plutôt que des tracteurs, de ne pas utiliser une moissonneuse ou une moissonneuse-batteuse moderne, de se passer d'engrais ou de pesticides, ou de semer des semences ayant un faible rendement. C'est pourquoi de plus en plus d'agriculteurs aux États-Unis utilisent des semences génétiquement modifiées. Mais ils paient un prix social considérable en le faisant. Pour acheter les semences, ils sont obligés de signer des accords contraignants avec Monsanto, Pioneer et d'autres monopoles leur interdisant d'utiliser les semences produites par la récolte pour ensemencer leur prochaine culture ou de vendre cette semence à d'autres agriculteurs. Pour avoir une nouvelle récolte l'année suivante, l'agriculteur est obligé par contrat de retourner à la même entreprise pour racheter de nouvelles semences brevetées.

Des entreprises géantes comme Monsanto envoient des inspecteurs — la « police des semences » — qui prélèvent des échantillons des récoltes des agriculteurs pour faire respecter ces contrats. Monsanto a fait paraître des encarts publicitaires dans les journaux agricoles prévenant les agriculteurs que toute personne violant les termes de l'accord « commet un acte de piraterie [qui] pourrait coûter à un agriculteur des centaines de dollars par acre en règlement en espèces et en frais judiciaires ainsi que de nombreuses années d'inspection de la ferme et des livres comptables. » En 1998, Monsanto a annoncé qu'elle avait déjà déposé 475 plaintes pour « piraterie de semence » au niveau national et qu'elle en préparait 250 autres sur la base d'environ 1 800 « pistes » dans 20 États aux États-Unis. Dans ce dernier pays, la compagnie avait obtenu des jugements en sa faveur allant de 10 000 $ à 35 000 $ US, poussant des agriculteurs déjà profondément endettés plus près de la faillite et de la saisie de leur terre par les banques. Au Canada, au milieu de l'année 1999, Monsanto avait déjà réglé hors cour 8 cas semblables et en poursuivait d'autres. Le géant du grain a gagné un procès contre un agriculteur de colza de la Saskatchewan dont la récolte contenait des plantes issues de semences emportées par le vent d'un champ voisin [14].

Les monopoles de l'agro-industrie font aussi breveter des plantes dont les graines ne peuvent germer — une moisson de mules !

Les lois du système de marché

Mais l'achat auprès de fournisseurs capitalistes de semences génétiquement modifiées a des conséquences qui

---

14. En mai 2004, la Cour suprême du Canada a confirmé le verdict en faveur de Monsanto mais a refusé d'accorder des dommages-intérêts à la société. Aux États-Unis au début de 2004, une centaine d'actions en justice intentées par Monsanto étaient passées en jugement, les tribunaux accordant à l'entreprise des dommages de l'ordre de 100 000 $ US par agriculteur.

n'ont rien de particulier. Il ne s'agit que d'une manière parmi une myriade d'autres d'étrangler les agriculteurs entre les coûts croissants des intrants qu'ils doivent acheter des propriétaires d'une série de firmes capitalistes géantes et les pressions à la baisse qui s'exercent sur les prix qu'ils reçoivent d'autres monopoles pour leurs céréales, leur bétail, leur lait et d'autres produits.

C'est une autre conséquence des lois du système de marché capitaliste qui favorisent la dissémination croissante de ce qu'on appelle l'« agriculture sous contrat » qui lie, en particulier dans les pays impérialistes, les producteurs de porc, de volaille, de bétail et d'une variété de légumes aux entreprises géantes qui dictent chaque aspect de leurs procédures et auxquelles ils doivent vendre leurs produits à des prix fixes. En bref, la propagation des semences OGM est un facteur de plus qui accélère la prolétarisation incessante par le capital d'une couche de petits agriculteurs après l'autre — en Amérique du Nord et dans le monde.

Mais il n'est pas plus dans l'intérêt des petits agriculteurs et de leurs alliés dans les rangs du mouvement ouvrier de s'opposer au progrès de la science de l'agriculture qu'il n'était dans l'intérêt des travailleurs au début du dix-neuvième siècle de s'opposer à l'introduction du métier à tisser mécanique ou d'autres machines. « Si la machinerie est le moyen le plus puissant pour accroître la productivité du travail, c'est-à-dire réduire le temps de travail nécessaire à la production d'une marchandise, a écrit Marx dans *Le Capital*, elle devient, en tant que porteur du capital, et d'abord dans les industries qu'elle affecte directement, le moyen le plus puissant pour prolonger la journée de travail au-delà de toute limite naturelle [15]. »

---

15. Karl Marx, *Le Capital*, livre 1, p. 452.

Non seulement, insiste Marx, ces nouveaux moyens « d'économiser du travail » donnent la possibilité aux capitalistes d'accroître les heures de travail, d'intensifier les cadences et de mettre des travailleurs à la rue, mais en même temps le travail d'usine « bloque le jeu complexe des muscles et confisque toute liberté d'action du corps et de l'esprit. Même l'allégement du travail se transforme en moyen de torture, dans la mesure où la machine ne libère pas l'ouvrier du travail, mais ôte au travail son contenu [16]. » C'est pourquoi, dans les premières années du dix-neuvième siècle, dit-il, des travailleurs ont organisé ce qui allait être connu comme le mouvement des luddistes et ont envahi des ateliers pour y détruire les nouvelles machines.

« Il faut du temps et de l'expérience avant que le travailleur apprenne à distinguer la machinerie de son utilisation capitaliste, et donc à transférer ses attaques du moyen matériel de production lui-même à la forme sociale d'exploitation de celui-ci [17]. » Ceci continue à demander du temps, de l'expérience et une direction prolétarienne.

IV

LES DIRIGEANTS des États-Unis ne sont pas seulement les plus importants banquiers et industriels du capitalisme mondial. Le capitalisme U.S. domine également le monde impérialiste aussi bien au niveau de la production que des exportations agricoles. Des

---

16. Ibid., p. 474.
17. Ibid., p. 481.

agriculteurs capitalistes aux monopoles de céréales et agences gouvernementales, les voix nationalistes au sein de la bourgeoisie U.S. proclament le « miracle de l'agriculture américaine. »

« Les agriculteurs américains cultivent des aliments qui aident à nourrir le monde, » déclare le département U.S. de l'Agriculture (USDA).

« Les agriculteurs et les grands éleveurs de l'Amérique sont équipés pour nourrir le monde au vingt et unième siècle, » soutient le président de la Fédération du bureau agricole (Farm Bureau Federation) dominée par des capitalistes.

« Notre mission est de ravitailler et nourrir une population mondiale croissante, » proclame le site web du géant céréalier Archer Daniels Midland. Et son principal concurrent Cargill parle d'« aider les agriculteurs à produire une grande variété de marchandises pour nourrir un monde en croissance. »

L'Association américaine du soja a récemment organisé une campagne d'envoi de cartes postales à l'USDA construite autour du slogan : « Les excédents de soja de l'Amérique peuvent nourrir un monde affamé. »

L<small>A PREMIÈRE CHOSE</small> à noter à propos de ces prétentions chauvines, c'est qu'elles ne sont que des mensonges. L'« Amérique » — cette fiction sans classe utilisée comme cache-sexe par une poignée de familles possédantes pour couvrir leur domination sur les forces armées, la police, la justice et les autres institutions de l'État capitaliste basé à Washington — ne nourrit pas le monde. En 1998 par exemple, les 25 pays cités par l'Organisation des nations unies pour l'alimentation et l'agriculture comme ayant les taux les plus élevés de sous-alimentation ont reçu moins de 0,03 pour cent des exportations U.S. de soja. En 1996, ils n'avaient rien reçu ! Toujours la même année, ils avaient reçu moins de 0,3 pour cent des exportations U.S. de maïs.

De toute manière, que veut dire « nourrir le monde » quand près de 50 pour cent des enfants de moins de cinq ans en Asie du Sud ont un poids insuffisant selon les chiffres des Nations unies ? Près du tiers en Afrique subsaharienne ? Plus de 15 pour cent au Moyen-Orient, en Asie de l'Est et dans le Pacifique ? Près de 10 pour cent en Amérique latine et dans les Caraïbes ? Qu'est-ce que cette expression veut dire quand ici même aux États-Unis, le département de l'Agriculture estime qu'environ 10 millions de personnes souffrent de la faim et que 21 millions d'autres passent tous les ans une partie de l'année sans avoir « assez de nourriture pour mener une vie active et saine » ?

Les petits agriculteurs ne se portent pas bien non plus sous les lois qui régissent le fonctionnement du capital aux États-Unis et partout dans le monde. Selon une étude publiée en juin 2001, quelque 33 000 fermes ont fait faillite aux États-Unis depuis le début des années 90. Les prix payés aux agriculteurs de maïs mexicains ont chuté de moitié pendant cette période, chassant de leurs terres un nombre beaucoup plus élevé d'entre eux. Les revenus nets des agriculteurs au Canada ont baissé de 20 pour cent de 1989 à 1999.

Les monopoles qui dominent le marché de l'alimentation aux États-Unis et dans le monde ont cependant beaucoup mieux réussi. Entre le milieu des années 70 et le début du vingt et unième siècle par exemple, le prix de la nourriture achetée par les consommateurs aux États-Unis a grimpé de 250 pour cent alors que les prix perçus par les agriculteurs en valeur réelle pendant la même période ont au mieux stagné. Pas étonnant que le plus récent rapport annuel de Archer Daniels Midland fasse état de plus de 300 millions de dollars de profits après impôt et celui de ConAgra de 683 millions de dollars [18].

L'exemple de Cuba

Contrairement aux prétentions de l'USDA, du bureau agricole et de l'agro-industrie U.S., ce n'est pas l'agriculture capitaliste américaine qui montre aux travailleurs la voie en avant ou qui montre comment la science et la technologie peuvent servir à nourrir l'humanité et satisfaire d'autres grands besoins sociaux. Au contraire, le seul exemple du genre qui existe dans le monde aujourd'hui est celui des travailleurs et des agriculteurs qui font avancer la révolution socialiste à Cuba. Il y a plus de 40 ans, le gouvernement révolutionnaire à Cuba a exproprié les propriétaires fonciers capitalistes et nationalisé la terre, garantissant ainsi aux agriculteurs le droit de cultiver la terre aussi longtemps qu'ils le veulent. Aucun agriculteur, aucune agricultrice ne peut perdre sa terre à Cuba par le biais d'une saisie ou d'une vente forcée afin de payer ses dettes. Le gouvernement socialiste continue de fournir aux agriculteurs un crédit à faible intérêt et une aide technique inestimable pour faciliter un effort collectif sur la terre.

La mécanisation de la récolte de la canne à sucre est une réalisation dont les agriculteurs et travailleurs cubains sont à juste titre très fiers. Jamais auparavant on n'avait créé une machine pour le faire, parce que dans

---

18. Cette tendance s'est maintenue. Les profits après impôt d'ADM et de ConAgra ont augmenté respectivement de 18 et de 23 pour cent de 2000 à 2002, alors que les revenus nets des fermes aux États-Unis pendant la même période ont baissé de 26 pour cent et que la dette agricole totale a augmenté de 9 pour cent.

le monde capitaliste les équipes de travailleurs agricoles pour accomplir ce travail éreintant étaient partout abondantes et que leurs salaires étaient en conséquence désespérément bas. Les propriétaires de plantation et les autres propriétaires de ferme capitalistes trouvaient plus profitable d'obliger ces travailleurs à se mettre à leur service pendant la récolte et de les laisser sans travail et revenu stables pendant la « saison morte, » qui pouvait parfois durer jusqu'à neuf mois dans l'année.

Le gouvernement révolutionnaire de Cuba a commencé quant à lui à organiser la production à la campagne et à la ville de façon à répondre aux besoins des travailleurs et non pour maximiser les profits des propriétaires terriens et des capitalistes. La mécanisation des récoltes avait été dès le départ l'un de ses objectifs centraux, a dit le président cubain Fidel Castro dans son rapport au premier congrès du Parti communiste de Cuba en décembre 1975. « Nous ne pouvions plus continuer dans ce pays avec une armée de chômeurs qui était passée de 600 000 personnes en 1953 à 700 000 en 1958, dont une partie faisait la récolte en travaillant quatre mois par année. » Il a poursuivi en disant :

> Cette méthode de production sucrière
> était typiquement capitaliste et elle ne pouvait
> fonctionner que dans les conditions inhumaines
> du système [le régime de Batista que soutenaient
> les États-Unis]. Mais le pays n'avait pas d'industrie
> mécanique et la technique de mécanisation de la
> récolte dans les conditions qui prévalaient était
> absolument embryonnaire. De telles machines
> n'avaient tout simplement pas été conçues ni
> construites par l'industrie moderne. Che [Guevara]
> a été l'un des principaux inspirateurs de cet effort.

« **La leçon la plus importante à apprendre de Cuba, ce ne sont pas les techniques agricoles. C'est ce que les travailleurs et les agriculteurs peuvent accomplir lorsque nous organisons une lutte victorieuse pour le pouvoir d'État et que nous utilisons nos conquêtes pour nous joindre à la lutte internationale pour le socialisme.** »

EN HAUT. La révolution cubaine a développé la première moissonneuse mécanisée de canne à sucre au monde, libérant ainsi des centaines de milliers de paysans de ce travail éreintant. La photo montre Ernesto Che Guevara, alors ministre de l'Industrie, en train de mettre à l'essai le premier prototype de moissonneuse, à Cuba en 1963. **EN BAS.** Face aux pressions impérialistes, les travailleurs ont lancé des potagers urbains à travers Cuba pour fournir des produits frais aux écoles, aux hôpitaux, aux cantines des lieux de travail et à l'ensemble de la population. On voit ici un de ces *organopónicos* à La Havane, en 2003.

Le gouvernement révolutionnaire a donné une très grande priorité à la conception d'une série de moissonneuses toujours plus efficaces pour récolter la canne à sucre et il a commencé à les fabriquer, ce qui a contribué à l'industrialisation du pays. Cuba a aussi accordé une licence pour produire ces moissonneuses à une compagnie allemande. En 1989, des centaines de ces machines avaient déjà été vendues à des clients dans 44 pays. Au début des années 80, plus de la moitié de la récolte de la canne à sucre à Cuba et la quasi-totalité du ramassage de la canne coupée étaient mécanisées. Les travailleurs du sucre utilisent aussi des machines pour éliminer les déchets des champs de canne à sucre, ce qui leur permet d'accomplir d'autres tâches exigeant un travail moins éreintant.

Avec la crise économique qui les a frappés si durement pendant la première moitié des années 90, les travailleurs et agriculteurs cubains ont dû poursuivre la production agricole avec des ressources limitées. Mais ils ont mis leur ingéniosité à l'oeuvre pour utiliser ce qu'ils avaient à portée de main — que ce soit un tracteur ou un attelage de boeufs, un précieux engrais importé ou un résidu de la canne à sucre — pour organiser le travail à la ville et à la campagne de façon à nourrir et vêtir la population et maintenir le cours politique internationaliste prolétarien de la révolution.

La tâche est de faire une révolution

Cette réussite souligne le fait que la plus importante leçon que peuvent tirer les agriculteurs, les autres producteurs et les jeunes qui visitent Cuba, ce ne sont pas ses techniques agricoles — biologiques ou autres. C'est plutôt ce que nous, les travailleurs et les agriculteurs, pouvons accomplir où que ce soit dans le monde quand nous organisons une lutte révolutionnaire victorieuse pour le pouvoir d'État et que nous utilisons nos conquêtes pour nous joindre à la lutte internationale pour le socialisme.

Le dirigeant communiste Ernesto Che Guevara a dit un jour à un groupe d'étudiants en médecine à Cuba que « pour être un médecin révolutionnaire, […] il doit d'abord y avoir une révolution. » Cela, a-t-il dit, est la « chose fondamentale » qu'en tant que jeune médecin il avait fini par comprendre environ cinq ans plus tôt quand il avait décidé de se joindre à la guerre révolutionnaire pour libérer Cuba du joug de l'oppression impérialiste et de l'exploitation capitaliste [19]. C'est aussi vrai pour être un agriculteur révolutionnaire ou un travailleur révolutionnaire. La « chose fondamentale » dans l'un et l'autre cas, c'est d'adhérer au mouvement prolétarien pour faire une révolution et devenir un militant discipliné dans ses rangs.

Friedrich Engels a fait un point semblable presque un siècle auparavant dans son article sur « Le rôle du travail dans la transformation du singe en homme. » Dans l'évolution de la société, a-t-il écrit, « les faits nous rappellent à chaque pas que nous ne régnons nullement sur la nature comme un conquérant règne sur un peuple étranger, comme quelqu'un qui serait en dehors de la nature, mais que nous lui appartenons avec notre chair, notre sang, notre cerveau, que nous sommes en son sein et que toute notre domination sur elle réside dans l'avantage que nous avons sur l'ensemble des autres créatures, de connaître ses lois et de pouvoir nous en servir judicieusement. » Mais pour y arriver, « il faut plus que la seule

---

19. Ernesto Che Guevara, *Che Guevara habla a la juventud* [Che Guevara parle aux jeunes], New York, Pathfinder, 2000, p. 57 [tirage de 2013].

connaissance. Il faut une révolution complète de tout notre mode de production passé et, avec lui, de tout notre régime social actuel[20]. »

C'est sur cette voie que les travailleurs parviendront au but vers lequel ils marchent inévitablement : la dictature du prolétariat. Cette dernière en retour ouvrira la voie à un progrès vers l'objectif conscient décrit dans le *Manifeste du parti communiste* : l'« unification de l'activité agricole et industrielle » en faisant disparaître peu à peu « la distinction entre ville et campagne. » C'est alors, pour paraphraser le manifeste, que l'humanité découvrira les immenses forces productives qui « sommeillaient au sein du travail social[21]. »

---

20. Friedrich Engels, op. cit., p. 75-77. En anglais, op. cit., p. 272 et 274.

21. Karl Marx et Friedrich Engels, *Le Manifeste communiste*, p. 58 et 37.

COMPRENDRE L'HISTOIRE

Le Manifeste communiste
KARL MARX, FRIEDRICH ENGELS

Le document fondateur du mouvement ouvrier moderne, publié en 1848. Il explique pourquoi le communisme ne découle pas de principes préconçus, mais de la ligne de marche de la classe ouvrière vers le pouvoir, un mouvement généré par « une lutte de classe existante, un mouvement historique qui s'opère sous nos yeux. » 5 $ US. Aussi en anglais, espagnol, farsi et arabe.

Comprendre l'histoire
GEORGE NOVACK

Comment le capitalisme s'est-il développé ? Comment et quand ce système d'exploitation a-t-il épuisé son rôle autrefois progressiste ? Pourquoi le changement révolutionnaire est-il fondamental au progrès humain ? 15 $ US. En anglais.

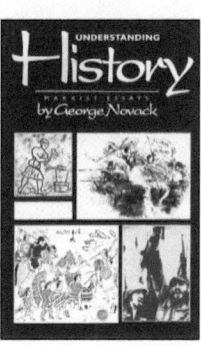

Nous sommes les héritiers des révolutions du monde
Discours de la révolution au Burkina Faso, 1983-1987

THOMAS SANKARA

En 1983, les paysans et les travailleurs de ce pays d'Afrique de l'Ouest ont établi un gouvernement révolutionnaire populaire et commencé à lutter contre la faim, l'analphabétisme et l'arriération économique imposés par la domination impérialiste, et contre l'oppression des femmes héritée de millénaires de société de classe. Cinq discours du dirigeant central de cette révolution. 10 $ US. Aussi en anglais, espagnol et farsi.

Malcolm X parle aux jeunes

« La jeune génération de blancs, de Noirs, de bruns, de n'importe quelle couleur — vous vivez à une époque de révolution, » dit Malcolm X en décembre 1964. « Quant à moi, je me joindrai à n'importe qui, je me fiche de votre couleur, du moment que vous voulez changer la condition misérable qui existe sur cette terre. » Quatre discours et une entrevue donnés dans les derniers mois de sa vie. 12 $ US. Aussi en anglais, espagnol, farsi et grec.

Notre histoire s'écrit toujours

L'histoire de trois généraux cubains d'origine chinoise dans la révolution cubaine

ARMANDO CHOY, GUSTAVO CHUI, MOISÉS SÍO WONG, MARY-ALICE WATERS

« Quelle a été la mesure phare visant à mettre fin à la discrimination contre les Chinois et les Noirs à Cuba ? C'est la révolution socialiste elle-même. » Cette nouvelle édition illustre l'engagement de Cubains d'origine chinoise vis-à-vis du cours internationaliste de Cuba, y compris en Afrique et Amérique latine. 15 $ US. Aussi en anglais, espagnol, farsi et chinois.

Histoire de la révolution russe

LÉON TROTSKY

La dynamique sociale, économique et politique de la première révolution socialiste victorieuse racontée par l'un de ses principaux dirigeants. Comment, sous la direction de Lénine, le Parti bolchevik a conduit des millions de travailleurs et de fermiers à renverser le pouvoir d'État des propriétaires terriens et des capitalistes en 1917 et à le remplacer par un gouvernement qui défendait leurs intérêts de classe en Russie et dans le monde entier. Deux volumes. 28 $ US chacun. Aussi en anglais et en russe.

WWW.PATHFINDERPRESS.COM

LES CLASSIQUES DU MARXISME

Le dernier combat de Lénine
Écrits et discours, 1922-1923

V. I. LÉNINE

En 1922 et 1923, V. I. Lénine, le dirigeant central de la première révolution socialiste dans le monde, a livré ce qui allait être son dernier combat politique. Ce qui était en jeu, c'était de maintenir le cours prolétarien de la révolution, et du mouvement international qu'elle dirigeait, qui avait porté les travailleurs et les paysans au pouvoir en octobre 1917 en Russie. 17 $ US. En anglais, espagnol, farsi et grec.

Che Guevara : l'economie et la politique dans la transition au socialisme

CARLOS TABLADA

Puisant abondamment dans les écrits et les discours de Che Guevara sur la construction du socialisme, ce livre examine les relations entre le marché, la planification économique, les stimulants matériels et le travail volontaire. Il explique pourquoi le profit et les autres catégories capitalistes ne peuvent servir à mesurer les progrès accomplis dans la transition au socialisme. 17 $ US. Aussi en anglais, espagnol et grec.

La révolution trahie
Qu'est-ce que l'Union soviétique et où va-t-elle ?

LÉON TROTSKY

En 1917, la classe ouvrière et les paysans de Russie sont la force motrice d'une des plus profondes révolutions de l'histoire. Mais en dix ans se consolide une contre-révolution menée par une couche sociale privilégiée et dont le principal porte-parole est Joseph Staline. L'étude classique de l'État ouvrier soviétique et de la dégénérescence de la révolution. 17 $ US. En anglais, espagnol, farsi et grec.

L'origine de la famille, de la propriété privée et de l'État
FRIEDRICH ENGELS

Ce livre explique comment l'émergence de la société divisée en classes a entraîné celle d'institutions d'État et de structures familiales répressives qui protègent les biens des couches dominantes et leur permettent de transmettre leur richesse et leurs privilèges. Il examine les conséquences de ces institutions de classe pour ceux qui travaillent, depuis leurs formes initiales jusqu'à leurs versions modernes. 15 $ US. En anglais et en farsi.

L'impérialisme, stade suprême du capitalisme
V I. LÉNINE

« J'ose espérer, » écrit Lénine au milieu de la première guerre mondiale, « que ma brochure aidera à l'intelligence d'un problème économique capital, sans l'étude duquel il est impossible de rien comprendre à ce que sont les guerres d'aujourd'hui et la politique d'aujourd'hui ; je veux parler de la nature économique de l'impérialisme. » 5 $ US. En anglais, espagnol, farsi et grec.

L'État et la révolution
V. I. LÉNINE

« La question de l'attitude de la révolution socialiste du prolétariat envers l'État n'acquiert pas seulement une importance politique pratique, » écrit Lénine dans la préface à cette brochure terminée quelques mois avant la révolution russe d'octobre 1917. Elle revêt aussi « un caractère d'actualité brûlante, car il s'agit d'éclairer les masses sur ce qu'elles auront à faire pour se libérer du joug du capital. » 5,95 $ US. Aussi en anglais.

Critique du programme de Gotha
KARL MARX
5,95 $ US. Aussi en anglais.

WWW.PATHFINDERPRESS.COM

LE CAPITALISME, LE TRAVAIL ET LA TRANSFORMATION DE LA NATURE

Après la publication de la série qui précède de quatre articles de Steve Clark dans le *Militant* en août 2001, Richard Levins, un professeur de démographie et un chercheur à l'École de santé publique de l'université Harvard, a envoyé un article au journal qui discute un certain nombre des questions soulevées dans la série. Levins est actif dans la Coalition du 26 juillet, une organisation de solidarité avec Cuba de la région de Boston, et il travaille avec l'Institut d'écologie et de méthodologie du ministère cubain de la Science, de la Technologie et de l'Environnement.

Son article est publié ici pour la première fois. Il est suivi d'une réponse de Steve Clark et des derniers commentaires des deux auteurs.

UN CRITIQUE DE « GAUCHE » DE L'AGRICULTURE BIOLOGIQUE

Richard Levins

DANS SA SÉRIE DE QUATRE ARTICLES, Steve Clark aborde plusieurs questions concernant le capitalisme, l'impérialisme et l'agriculture sur lesquelles nous pouvons tous facilement nous entendre. Mais sa polémique est centrée contre l'agriculture biologique et la suggestion que son adoption à Cuba représente plus qu'une mesure d'urgence. Ce qui a partiellement motivé Clark, c'est une lettre de Karl Butts qui s'inquiétait du fait que la conclusion d'un article antérieur du *Militant* semblait donner « un certain poids politique au concept voulant que la production biologique soit préférable à celle où l'on utilise des produits chimiques » et du fait que « les lecteurs pourraient aussi en conclure que, de façon générale, Cuba choisit de ne pas utiliser de produits chimiques dans la production agricole. »

Je pense que Steve Clark s'est complètement trompé sur le plan pratique, en ce qui concerne les avantages techniques de l'agriculture écologique, et sur le plan théorique.

L'adoption de méthodes écologiques (et plus étroitement biologiques) de production alimentaire à Cuba a commencé avant la période spéciale, sinon elle n'aurait pu progresser aussi rapidement. Elle a commencé avec des projets expérimentaux effectués dans plusieurs institutions quand les chercheurs ont réalisé que l'agriculture « moderne » de haute technologie :

- minait sa propre base productive par l'érosion du sol, le compactage et la salinisation, en diminuant le contenu organique du sol et la capacité de fixation de l'azote et en augmentant le besoin d'irriguer ;
- augmentait la vulnérabilité aux organismes nuisibles et aux maladies, en exigeant des applications de pesticides de plus en plus fréquentes à des doses de plus en plus grandes ;
- augmentait la vulnérabilité aux aléas du climat et de l'économie ;
- empoisonnait les agriculteurs et les travailleurs agricoles (le cancer du cerveau par exemple est plus répandu dans les régions qui utilisent l'herbicide atrazine) ;
- contaminait le sol et l'eau souterraine ;
- et rendait la ferme dépendante d'intrants externes.

On a entrepris des études dans de nombreux centres de recherche sur la gestion écologique des organismes nuisibles, la polyculture, la fertilisation biologique, le recyclage des déchets agricoles, l'intégration des récoltes et du bétail, et la reconception des outils et des machines agricoles. Ceci ne constitue pas un rejet des « progrès de la chimie et de la technologie agricoles en faveur de soi-disant méthodes agricoles naturelles ou traditionnelles. » C'est une activité moderne, scientifique et dialectique de connaissance-création qui utilise et met à l'essai de façon critique le savoir des paysans ainsi que certaines approches modernes — expérimentales, mathématiques et basées sur l'observation. Lorsque la période spéciale a commencé, nous avions au moins un point de départ pour une nouvelle technologie. Et il n'y a aucun doute que ce point de départ a sauvé la révolution. Mais ceci continuera-t-il ? S'agit-il d'une improvisation de deuxième ordre imposée par la crise économique, comme le croit Clark, ou un meilleur système de production ? Nilda Pérez et Luis Vázquez traitent de ce sujet dans un livre à paraître sur l'agriculture cubaine :

> Tout le monde se demande ce qui arrivera de la gestion écologique des organismes nuisibles maintenant que Cuba émerge de la crise économique du début des années 90. Certains pensent qu'à mesure que les devises étrangères deviendront plus accessibles pour l'achat de pesticides sur le marché international, Cuba retournera à une dépendance intensive vis-à-vis des intrants chimiques. Certains pensent aussi que le programme actuel de réduction accélérée de l'utilisation de pesticides n'est qu'une réponse provisoire à court terme pour maintenir la production jusqu'au moment où l'importation de pesticides deviendra à nouveau abordable. Mais d'autres — et ils sont plus que quelques-uns — qui s'appuient sur un examen sérieux des facteurs économiques, sociaux, sanitaires et environnementaux ont une analyse toute autre et tirent la conclusion que le modèle agroécologique LIP [lutte intégrée contre les parasites — RL] développé jusqu'à maintenant est simplement un meilleur modèle. [...] À la lumière de l'histoire récente, il est difficile de croire que Cuba retournerait aux pulvérisations périodiques des années 60 et du début des

années 70, voire même à la dépendance (chimique) des années 80 [1]. »

En 1997, le ministère cubain de la Science, de la Technologie et de l'Environnement a organisé un atelier de consultation nationale « Rio+5 » afin d'évaluer à quel point Cuba se conformait aux accords de Rio (Agenda 21) sur l'environnement [2]. Pour chaque aspect du plan national sur l'environnement, comme la résistance à la désertification, le développement durable des régions montagneuses et l'éco-agriculture, on a dressé la liste des réalisations, identifié les difficultés et fait des propositions. Un obstacle au développement de l'agriculture durable était « l'existence de l'opinion, à différents niveaux, que la pratique de l'éco-agriculture n'est qu'un résultat de la période spéciale et qu'elle est condamnée à disparaître lorsque les limitations actuelles le permettront et qu'on retournera alors à une forte utilisation d'engrais et de pesticides, à la mécanisation, etc. » Il y avait donc des gens qui partageaient le point de vue de Steve Clark, mais au

---

1. Le livre a été publié par la suite. Fernando Funes, Luis García, Martin Bourque, Nilda Pérez et Peter Rosset, eds, *Sustainable Agriculture and Resistance: Transforming Food Production in Cuba* [Éco-agriculture et résistance : transformer la production alimentaire à Cuba], Oakland (Californie), Food First Books, 2002. NDLR.

2. La Conférence des Nations unies sur l'environnement et le développement appelée Sommet de la terre, qui s'est tenue à Rio de Janeiro au Brésil en 1992, a adopté un plan d'action appelé Agenda 21. En 1997, les gouvernements qui avaient participé au Sommet de la terre ont organisé des conférences pour évaluer la réalisation de ces objectifs au cours des cinq années précédentes ; on a souvent appelé ces conférences rencontres « Rio+5 ». NDLR.

plus tard au milieu des années 90 ce point de vue était déjà considéré comme rétrograde.

Pourquoi l'agroécologie est-elle un meilleur modèle ? Contrairement aux prétentions des partisans enthousiastes de la haute technologie, elle est économique. Par exemple, une comparaison du coût de la lutte chimique et biologique contre les organismes nuisibles à Cuba a montré que le coût du contrôle biologique des cultures horticoles s'élevait environ au tiers du coût du contrôle chimique ; dans le cas des graminées, au huitième ; dans le cas du plantain, au dixième ; dans celui du riz, au tiers.

La lutte biologique comprenait le développement et la dissémination d'insectes, de champignons et de bactéries bénéfiques ; l'application d'insecticides extraits de plantes ; le perfectionnement des ennemis naturels locaux des organismes nuisibles ; ainsi que d'autres méthodes. Un facteur qui explique les économies réalisées par ces moyens, c'est le fait que contrairement à la pulvérisation ils ne doivent pas être répétés régulièrement : une fois introduites dans une bananeraie, les fourmis se répandent jusqu'à l'occuper entièrement en six semaines et protègent ensuite la culture au moins aussi bien qu'un arrosage répété. Il est encore possible de réduire davantage ces coûts en passant de la substitution d'intrants à la conception d'écosystèmes.

La culture intercalaire de différentes sortes de plantes dans un même champ vise en partie à contrôler les organismes nuisibles, mais elle a aussi d'autres avantages. Utilisée dans les bonnes proportions, elle est plus productive que la monoculture. Nous mesurons cette productivité accrue à l'aide du *land equivalency ratio* (LER) [rapport d'équivalence des terres], la quantité de terre en monoculture nécessaire pour obtenir le même rendement qu'un hectare de culture intercalaire. Par exemple, un hectare de manioc, de tomate et de maïs en culture intercalaire fournit presque la même quantité que deux hectares de ces cultures semées séparément. Finalement, je veux citer l'intégration d'animaux aux cultures. Par exemple, 7 à 13 moutons qui broutent dans un verger d'agrumes d'un hectare produisent entre 343 et 596 kilogrammes de poids vif sans nuire à la production d'agrume. Des chevaux peuvent contribuer beaucoup à la suppression des mauvaises herbes dans les vergers d'agrumes. Les oies n'ont pas donné de bons résultats : elles ont grignoté les feuilles des jeunes arbres.

Des études faites aux États-Unis et dans d'autres pays démontrent aussi que les méthodes biologiques sont en général au moins aussi bonnes que celles de haute technologie, particulièrement lorsque les conditions météorologiques sont défavorables.

Contrairement au concept capitaliste d'efficacité identifiée aux monocultures spécialisées, l'avenir de l'agriculture cubaine offre un éventail d'utilisations de la terre qui permet à chaque région de fournir différents produits récoltables en plus de contribuer à la production d'autres régions. Les forêts fournissent le bois, le miel et les noix ; elles modulent l'écoulement de l'eau, réduisant ainsi la nécessité de pomper l'eau d'irrigation ; elles fournissent un refuge pour les insectes, oiseaux et chauves-souris bénéfiques ; et elles créent autour d'elles des microclimats spéciaux sur une distance égale à environ dix fois la hauteur des arbres. Les pâturages produisent les animaux d'élevage mais ralentissent aussi l'érosion comparativement à la culture en rangs ; ils produisent du fumier et abritent une nuée de pollinisateurs et de prédateurs, et ainsi de suite. La superficie de ces parcelles de terre dépend de diverses conditions concrètes dont le paysage et la mobilité des insectes nécessaires. Il n'y a donc aucune règle selon laquelle la production à grande échelle est économique et moderne tandis que la production à petite échelle est arriérée. Il n'y a pas non plus de règle absolue voulant que « small is beautiful » [le petit est beau]. L'écologie dicte la taille des unités de production dans le cadre des unités plus grandes de planification.

Les cubains et des chercheurs d'autres pays ont montré que les méthodes de production écologiques et biologiques peuvent être plus productives, plus économiques et certainement meilleures pour la protection de l'environnement, des travailleurs et des consommateurs que les méthodes de haute technologie considérées comme les plus « modernes » du monde capitaliste. Les méthodes biologiques se répandent graduellement au fur et à mesure que les techniques appropriées se développent. Il existe maintenant des projets pour le développement de la production biologique du sucre, du café, des agrumes et d'autres récoltes destinées à l'exportation. Pour le faire correctement, il faut introduire ces nouvelles méthodes graduellement, avec une préparation minutieuse des techniciens et des agriculteurs. Ce n'est pas n'importe quelle combinaison de culture qui donne de bons rendements : cesser de pulvériser des produits chimiques n'équivaut pas à un contrôle biologique des parasites ; et l'introduction irréfléchie de ce qui semble être de bonnes idées pourrait mettre en doute tout le programme. Par conséquent, la grande majorité de l'agriculture comprend en ce moment un mélange de méthodes biologiques et semi-biologiques, avec une réduction progressive de l'usage des produits chimiques, tandis que l'agriculture urbaine est presque totalement biologique. Environ la moitié de la production de légumes et toute la production urbaine à Cuba sont biologiques. Karl Butts a raison de dire que des produits chimiques sont utilisés dans la production du sucre, du riz, du café et d'autres cultures. Mais dans tous les cas, il y a des programmes de réduction de l'usage d'intrants chimiques. La transplantation du riz et le paillage de la canne à sucre sont des méthodes de contrôle de la mauvaise herbe qui réduisent l'usage des herbicides. Des guêpes sont élevées dans des insectariums sur des fermes pour être utilisées contre le térébrant de la canne à sucre. Toute la stratégie consiste en une réduction progressive des intrants chimiques à mesure que d'autres solutions se développent.

Il est peut-être injuste d'utiliser des données auxquelles Steve Clark n'avait pas accès. Et pourtant l'essence de la méthodologie marxiste, c'est de partir du concret et de construire l'argument théorique sur la base de l'expérience réelle. Clark s'est complètement trompé au niveau empirique tout comme aux niveaux méthodologique et théorique. La clé de son erreur réside peut-être dans sa conception du progrès scientifique et technique.

La science et la technologie ont un caractère double : elles font certainement partie du développement général de la connaissance et des capacités de l'espèce humaine. Mais elles sont aussi des produits spécifiques de sociétés particulières et elles servent les buts des propriétaires de ces sociétés. Ceci donne naissance à un modèle du savoir et de l'ignorance choisi par les propriétaires de l'industrie du savoir qui recrutent les scientifiques, établissent les programmes de recherche et définissent les utilisations de la science. Il est nécessaire de reconnaître les deux aspects de cette contradiction à la fois pour apprécier la science moderne et la critiquer. Marx et Engels étaient des partisans enthousiastes de Darwin, mais ils ont critiqué en même temps son gradualisme *Whig* (c'est-à-dire libéral). Le mouvement de la « science pour le peuple » des années 60 et 70 dans ce pays et d'autres groupes semblables au niveau international ont eu à se débattre avec cette réalité. Leur perspective a évolué d'une critique du mauvais usage de la science à des fins guerrières à une critique de l'exclusion de la direction scientifique des gens de la classe ouvrière, des Afro-américains et des femmes de toutes les races, pour en arriver à une étude du contenu même de la science telle qu'elle se développe en fonction des besoins de l'industrie et des philosophies dominantes. En fin de compte, la lutte opposant l'agriculture chimique à haute technologie et l'agriculture écologique est aussi une lutte opposant les visions mécanistes/réductionnistes et les visions dialectiques de la nature et de la science.

Mais trop souvent les socialistes tombent dans un progressisme passif qui ne voit qu'un aspect de la contradiction et qui n'imagine qu'une seule avenue pour le progrès où les choses sont soit plus avancées, soit plus arriérées. Ils s'imaginent alors que la technique capitaliste peut être adoptée telle quelle à des fins socialistes. Cette admiration sans critique active de la technologie bourgeoise a été un des éléments de l'histoire désastreuse de l'industrie soviétique. (Ces choix techniques, à leur tour, pouvaient bien sûr être liés aux structures de classe qui se développaient dans ce pays. L'admiration sans réserve face aux voies capitalistes de développement a atteint son apogée dans la croyance de Brejnev que la « révolution technoscientifique » allait sauver l'Union soviétique.) Avec une telle approche, il est possible de se joindre à Clark pour tourner en ridicule l'usage de la traction animale comme ayant été une nouveauté à l'époque néolithique et pour présenter sous un faux jour la critique de la technologie capitaliste comme étant antiscientifique. La réalité, c'est que la science et la technologie agricoles ont été développées pour inventer des méthodes de production qui peuvent être des marchandises à vendre aux agriculteurs, dans le cadre de la philosophie réductionniste capitaliste.

Les principaux pas dans les progrès des méthodes agricoles ont été : l'adoption au dix-neuvième siècle de la machine à vapeur industrielle comme source d'énergie fixe pour le battage ; l'engrenage différentiel de l'industrie automobile, qui nous a donné le tracteur pour la mécanisation ; la fixation de l'azote et les engrais chimiques à partir du surplus de capacité de production de la poudre à canon après la première guerre mondiale ; les pesticides à partir de la guerre chimique pendant la première guerre mondiale ; et finalement, à partir de la sélection moderne des plantes, une branche de la recherche conçue expressément pour l'agriculture. Les phytogénéticiens cherchaient la création d'une semence hybride non parce que c'est la meilleure manière d'améliorer la production, mais parce que la semence hybride ne se reproduit pas bien et que les agriculteurs seraient forcés d'acheter chaque année une nouvelle provision de semences hybrides. L'évolution spécifique de la recherche reflète le fait que toutes les connaissances ne sont pas également commercialisables. Un produit chimique toxique peut être embouteillé et vendu aux agriculteurs tandis que la connaissance sur les fourmis prédatrices peut au mieux être vendue aux chroniques « conseils pour la ferme et le potager. »

Même dans le contexte du développement capitaliste, les nouvelles méthodes ne remplacent pas simplement les anciennes. Au contraire, les vieilles formules auparavant universelles deviennent maintenant spécialisées et continuent d'évoluer. Les avions à hélice, les voiliers et les outils à main ont toujours un rôle à jouer. La médecine moderne ne remplace pas la phytothérapie mais peut l'incorporer. Et les agriculteurs cubains ont trouvé que la traction animale a un rôle à jouer. Les boeufs ont un impact différent que les tracteurs sur la terre. Ils peuvent travailler après des pluies abondantes quand des tracteurs ne feraient que détruire le sol. Il ne s'agit pas de remplacer la mécanisation mais de l'associer à l'utilisation d'animaux là où c'est utile. Dans ma jeunesse, j'ai été agriculteur dans la cordillère centrale de Porto Rico, sur des terres trop abruptes pour les tracteurs et même pour les bocufs. Je n'ai aucune nostalgie pour le travail éreintant que constitue la préparation d'une terre d'argile lourde avec une houe ni aucune passion pour la simplicité néolithique. Et je peux voir la différence entre retourner à des technologies moins efficaces et en inventer de nouvelles qui intègrent les connaissances antérieures.

CHAQUE SOCIÉTÉ DÉVELOPPE sa propre manière d'établir des rapports avec le reste de la nature et de concevoir cette relation. Le socialisme cubain crée sa propre écologie — un paysage qui apporte l'agriculture à la ville et l'industrie à la campagne ; qui conçoit un système de production alimentaire robuste face à l'incertitude ; qui protège la santé de la population ; qui préserve la biodiversité, les ressources en eau et le sol ; qui recycle au niveau de la ferme et de la région ; et qui dépend très peu d'intrants externes. Il y arrive de multiples façons : par des programmes contre la désertification et la salinisation, par la reforestation, par l'intégration des cultures et du bétail, par l'agriculture écologique ; et avec le soutien d'un réseau créatif d'innovateurs professionnels et non professionnels. Il y a une prise de conscience croissante à Cuba que l'élévation du niveau de vie auquel nous aspirons tous ne viendra pas d'une augmentation illimitée de la consommation d'énergie et de matière, mais plutôt de l'élévation de la qualité de vie — et qu'une meilleure relation avec le reste de la nature en est un élément important. L'agriculture écologique est un aspect d'un nouveau modèle socialiste de rapport avec le reste de la nature, un nouveau mode de production écosocial.

L'AGRICULTURE BIOLOGIQUE joue aux États-Unis un rôle social très différent de celui qu'elle joue à Cuba. Le mouvement biologique actuel représente un rapprochement entre des cultivateurs biologiques qui cherchent à réduire leur dépendance vis-à-vis des entreprises et dont certains, d'origine urbaine, ont choisi l'agriculture pour des raisons de style de vie ; des coopératives de consommateurs et d'autres groupes intéressés par la production d'aliments de qualité ; des défenseurs de la santé qui considèrent que les pesticides sont cancérigènes et détruisent la biodiversité ; et des scientifiques agricoles qui auraient aimé être agriculteurs mais qui, parce qu'ils ne peuvent se permettre d'acheter une terre, se dévouent plutôt au service de la communauté biologique.

Dans le Nord-Est, l'Association de l'agriculture biologique du Nord-Est (NOFA) regroupe de petits producteurs, des artisans, des groupes de consommateurs et des innovateurs dans un mouvement généralement progressiste et en conflit avec l'agriculture monopolisée. Ils inventent des façons de réduire les coûts afin que les travailleurs de nos villes puissent aussi obtenir les aliments de meilleure qualité qu'ils méritent. Mais à mesure que l'agriculture biologique devient plus populaire, de grands investisseurs s'y intéressent, et il y a eu une lutte au sein de l'agriculture biologique entre les producteurs commerciaux capitalistes et les instigateurs du mouvement. Ce conflit a porté récemment sur les règles de certification des aliments biologiques. Le département de l'Agriculture a retiré aux organisations d'agriculture biologique leur contrôle de la certification et a favorisé des normes inférieures plus au goût des grands producteurs.

Steve Clark rejette l'agriculture biologique comme une solution idéaliste. Mais une solution à quoi ? En suggérant que la culture biologique sous le capitalisme se présente comme une alternative à la lutte révolutionnaire, il invente un petit-bourgeois de paille. Il s'agit « simplement » d'une lutte pour une production alimentaire comportant moins de risques et pour des aliments de meilleure qualité.

Finalement il y a la question des organismes génétiquement modifiés (OGM). Steve Clark les défend comme une façon de produire l'abondance dans un monde affamé. Il pense qu'il a trouvé une grande incohérence chez ceux qui critiquent les récoltes conçues génétiquement lorsqu'il souligne que ceux qui critiquent les OGM en agriculture n'ont pas critiqué l'usage des bactéries génétiquement modifiées pour produire l'insuline. La différence évidente entre ces deux cas, c'est que si quelque chose ne tourne pas rond dans la production industrielle de l'insuline il est possible d'arrêter les fermenteurs et de les nettoyer, alors que si les choses ne tournent pas rond dans la nature on ne peut les rappeler si facilement. Ce n'est pas une question de principe, « pour » ou « contre » les OGM. C'est plutôt une question d'appliquer quatre critères avant d'accepter une technologie :

1. *Est-elle nécessaire ?* Dans ce cas, est-ce que la faim dans le monde est causée par la pénurie d'aliments ou de capacité productive ? D'après le Programme alimentaire mondial de l'ONU, il y a assez de nourriture dans le monde aujourd'hui pour nourrir 12 milliards de personnes. Au-delà des mauvaises récoltes locales et régionales qui elles aussi causent la faim, la cause fondamentale de cette dernière vient du fait que les aliments sont des marchandises et que le besoin de nourriture ne se reflète pas dans une « demande effective ; » que les agriculteurs sont déplacés par l'agro-industrie qui s'intéresse aux cultures d'exportation de haute valeur ; que les gens sont chassés de leur terre par des guerres et par l'étau des prix ; et que la production a pour but le profit et non l'alimentation des êtres humains.

2. *La nouvelle technologie accomplira-t-elle ce qu'elle promet ?* Ici les résultats sont ambigus. Les succès initiaux des essais en laboratoire sont parfois réfutés sur le terrain quand d'autres facteurs interviennent.

3. *Que fait-elle d'autre ?* Nous connaissons quelques-uns des effets évidents : renforcer la domination des monopoles de produits chimiques sur la production alimentaire et sur les agriculteurs et favoriser les monocultures qui augmentent les dangers d'organismes nuisibles. En introduisant dans les plantes des gènes qui résistent aux organismes nuisibles, les nouvelles variétés exposent ces derniers à des pesticides même lorsqu'ils ne sont pas un problème, ce qui favorise une évolution plus rapide de leur résistance aux pesticides. Le transfert des cultures aux mauvaises herbes de la résistance aux herbicides

peut produire des mauvaises herbes qui résistent aux herbicides. Et il y a d'autres possibilités, moins probables mais plus désastreuses, qui viennent du fait que les gènes introduits sont des gènes mobiles : quand ces gènes se déplacent dans le génome, leurs effets peuvent être très différents de ce qu'ils étaient à leur site d'origine. Ici, le point n'est pas que l'introduction d'un gène en particulier causera un désastre mais que l'industrie et ses alliés dans le gouvernement, poussés par leur désir de breveter et de commercialiser des produits à la hâte, minimisent le danger potentiel, ne se préoccupent pas des conséquences imprévues et dissimulent tout indice de danger.

4. *Y a-t-il de meilleures alternatives ?* Ici la réponse est définitivement oui. Même s'il y a beaucoup moins de recherche sur les méthodes biologiques que sur les méthodes chimiques, les résultats sont comparables. La technologie agricole écologique est plus stable. Elle protège l'environnement contre la pollution des eaux souterraines et de l'air. Elle protège les travailleurs agricoles et les consommateurs. Elle réduit la dépendance des agriculteurs face aux entreprises de produits chimiques et freine ainsi l'appauvrissement de la campagne.

En général, Steve Clark remplace une vision socialiste des complexités du développement scientifique et technologique par une approche libérale progressiviste unilatérale qui accepte la prétention du capitalisme selon laquelle « il n'y a PAS d'alternative. » Mais un mouvement révolutionnaire doit contester le caractère destructeur et aliénant de tous les aspects de la société capitaliste afin de construire le genre de mouvement qui peut libérer la classe ouvrière et toute la société.

LE PROGRÈS POUR QUI ?

Steve Clark

Dans sa réponse, Richard Levins commence en affirmant que les articles du *Militant* abordent « plusieurs questions concernant le capitalisme, l'impérialisme et l'agriculture sur lesquelles nous pouvons facilement tous nous entendre. » Mais comme l'indique son titre, la série parue dans le *Militant* porte non pas sur « le capitalisme, l'impérialisme et l'agriculture » dans l'abstrait, mais sur le *travail* et l'agriculture, sur le *travail* et l'impérialisme, sur le *travail* et le capitalisme, que ce soit dans les champs, les usines, les mines ou ailleurs. Et ce sont précisément ces relations sociales — qui impliquent la classe ouvrière et les fondements politiques et sociaux de l'alliance des travailleurs et des agriculteurs — qui sont absentes de la réponse de Levins. C'est là que nous trouvons le noeud de notre désaccord.

Dans la mesure où les travailleurs et les agriculteurs font acte de présence dans l'article de Richard Levins, ils sont les victimes de pesticides toxiques, les récipiendaires de services fournis par des chercheurs et des scientifiques ou les bénéficiaires de mouvements qui leurs fourniront une nourriture saine et ouvriront la voie à leur libération. En tant que producteurs de toute la richesse par la transformation de la nature, que créateurs de la base matérielle de la culture et de la civilisation, qu'agents de leur libération et de celle de toute l'humanité par la lutte révolutionnaire pour établir la dictature du prolétariat — les travailleurs et les agriculteurs ne sont pas présents.

Levins soutient que la série parue dans le *Militant* présente une vision erronée « du progrès scientifique et technique. » Les articles se caractérisent « par une approche libérale progressiste unilatérale qui accepte la prétention du capitalisme selon laquelle « il n'y a PAS d'alternative. »

Les communistes plaident coupables de penser qu'aussi longtemps que les dirigeants capitalistes détiendront le pouvoir d'État, il n'y aura pas de mode de production alternatif. Aucun qui puisse servir les intérêts des travailleurs urbains et ruraux. Aucun qui puisse empêcher le résultat inévitable de la domination capitaliste — la concentration de la propriété productive dans de moins en moins de mains, la misère pour la grande majorité, le fascisme, la guerre et même la conflagration nucléaire. Et les communistes plaident coupables d'étudier l'observation et l'indication stratégiques de Lénine selon lesquelles aucune réforme durable des conséquences des relations sociales capitalistes n'est possible si ce n'est comme sous-produit de la lutte de classe révolutionnaire.

Voilà pourquoi les articles du *Militant* ont réaffirmé la relation entre le travail et la nature soulignée pour la première fois par Marx et Engels dans le *Manifeste du parti communiste* et développée plus tard dans *Le Capital* et d'autres textes [1]. « Le travail n'est *pas la source* de toute richesse, » a écrit Marx en 1875 dans la « Critique du programme de Gotha. » « La *nature* est tout autant la source des valeurs d'usage (qui sont bien, tout de même, la richesse réelle !) que le travail, qui n'est lui-même que l'expression d'une force naturelle, la force de travail de l'homme. [...] Et ce n'est qu'autant que l'homme, dès l'abord, agit en propriétaire à l'égard de la nature, cette source première de tous les moyens et matériaux de travail, ce n'est que s'il la traite comme un objet lui appartenant que son travail devient la source des valeurs d'usage, partant de la richesse [2]. »

De surcroît, tout travail humain est organisé à l'intérieur de relations sociales de production spécifiques qui sont elles-mêmes reproduites par la production effectuée dans ces relations de classe.

Les descriptions que fait Richard Levins des différentes méthodes de production agricole sont abstraites des relations sociales dont elles dépendent. Il écrit par exemple : « un hectare de manioc, de tomate et de maïs en culture intercalaire fournit presque la même quantité que deux hectares de ces cultures semées séparément. » Mais dans la production alimentaire, qui est un processus social, un hectare de manioc, de tomate ou de maïs en soi ne produit rien. Ce sont les agriculteurs et les travailleurs agricoles qui sèment et récoltent le manioc, les tomates et le maïs, et qui reproduisent en le faisant les relations

---

1. Karl Marx et Friedrich Engels, *Le Manifeste communiste*, p. 37. *Le Capital*, livre 1, Paris, Presses universitaires de France, 1993, p. 199.

2. Karl Marx, « Critique du programme de Gotha, » Karl Marx et Friedrich Engels, *Oeuvres choisies*, tome 3, Moscou, éditions du Progrès, 1976, p. 9.

sociales de production dans lesquelles ils vivent et travaillent. (Chacun de ces produits agricoles spécifiques dans sa forme comestible moderne est en fait le résultat de croisements et de transformations effectués par le travail humain au cours de plusieurs siècles et modes de production successifs.) Levins dit que « 7 à 13 moutons qui broutent dans un verger d'agrumes d'un hectare produisent entre 343 et 596 kilogrammes de poids vif sans nuire à la production d'agrumes. » Mais les moutons ne produisent rien. Des agriculteurs et des travailleurs agricoles élèvent des moutons, et les relations et conditions de classe dans lesquelles ils le font déterminent en grande mesure le poids vif obtenu et son impact sur la culture d'autres produits agricoles.

Levins écrit que « les forêts fournissent le bois, le miel et les noix ; elles modulent l'écoulement de l'eau, réduisant ainsi la nécessité de pomper l'eau d'irrigation. » De même : « Les pâturages produisent les animaux d'élevage et ralentissent aussi l'érosion. » Mais c'est le travail social qui transforme les forêts en bois ; le miel et les noix en nourriture ; et le bétail en bêtes de somme, en source de nourriture, en peaux pour les vêtements et en d'autres usages. La façon dont ce travail est organisé, les relations de classe qui gouvernent l'activité productive des travailleurs, soit accélère soit retarde l'érosion, soit augmente soit réduit les dommages causés à la terre et à l'eau par l'irrigation.

Les leçons de la révolution cubaine

Richard Levins fait un exposé instructif des réalisations agricoles à Cuba avant et pendant la période spéciale (l'oeuvre en fait d'agriculteurs, de travailleurs agricoles, de techniciens et d'organisateurs). Il identifie cependant l'origine de ces réalisations avec l'emploi de méthodes agricoles précises, non pas avec le fait que les travailleurs et agriculteurs cubains ont renversé les rapports sociaux capitalistes au début des années 60 et qu'ils continuent jusqu'à ce jour sur la voie dans laquelle ils se sont engagés — décrite ainsi par Ernesto Che Guevara : « Il faut développer l'homme nouveau en même temps que la base matérielle[3]. » Les mêmes technologies agricoles appliquées soit par des travailleurs sur des fermes capitalistes soit par des producteurs agricoles soumis au système capitaliste de rentes et d'hypothèques ne donnent pas les mêmes résultats sociaux. « La plus importante leçon que peuvent tirer les agriculteurs, les autres producteurs et les jeunes qui visitent Cuba, ce ne sont pas ses techniques agricoles — biologiques ou autres, » pouvait-on lire à la fin des articles du *Militant*. « C'est plutôt ce que nous, les travailleurs et les agriculteurs, pouvons accomplir où que ce soit dans le monde quand nous organisons une lutte révolutionnaire victorieuse pour le pouvoir d'État et que nous utilisons nos conquêtes pour nous joindre à la lutte internationale pour le socialisme. »

Levins fétichise certaines méthodes agricoles. « Lorsque la période spéciale a commencé, nous avions au moins un point de départ pour une nouvelle technologie, écrit-il. Et il n'y a aucun doute que *ce point de départ* a sauvé la révolution. » [C'est nous qui soulignons. SC]

Mais ce n'est pas « une nouvelle technologie » qui a « sauvé » la révolution cubaine face au râle d'agonie des staliniens en Union soviétique et en Europe de l'Est et devant l'effondrement soudain au début des années 90 de ce qui avait été la structure des échanges commerciaux de Cuba pendant un quart de siècle. L'endurance

---

[3]. Ernesto Che Guevara, *Le socialisme et l'homme à Cuba*, New York, Pathfinder, 1989, 2009, p. 64 [tirage de 2019].

de la révolution cubaine est enracinée dans la conscience politique et la mobilisation de millions de travailleurs et d'agriculteurs, manifestées de multiples façons — ce qui comprend leur empressement à défendre la révolution les armes à la main, leur internationalisme prolétarien et leur ingéniosité et leur créativité sur de multiples fronts de la vie et du travail, dont la production agricole.

« Les Cubains et des chercheurs d'autres pays, écrit Levins, ont montré que les méthodes de production écologiques et biologiques peuvent être plus productives, plus économiques et certainement meilleures pour la protection de l'environnement, des travailleurs et des consommateurs que les méthodes de haute technologie considérées comme les plus « modernes » du monde capitaliste. »

Mais des « méthodes » ne sont pas productives, économiques ou protectrices. C'est le travail social qui est productif, ou qui ne l'est pas. Ce sont les êtres humains qui développent, modifient et *utilisent* diverses méthodes pour transformer la nature et pour créer la richesse sociale. Ce sont des êtres humains qui font ou ne font pas de façon adéquate le suivi des coûts. Ce sont des êtres humains qui peuvent organiser la production de façon à protéger les travailleurs et l'environnement naturel. Il s'agit là de questions de classe — leur morale et la nôtre — la solidarité sociale défendue par les travailleurs et nos alliés contre l'appropriation privée de la richesse sociale, la loi des loups qui se mangent entre eux et qui est la force motrice de toute société de classe.

Il est erroné de dire que « le socialisme cubain crée sa propre écologie, » comme le soutient Richard Levins en substituant une fois de plus une abstraction aux relations de classe concrètes en jeu. (Avec un pétillement dans les yeux, Engels aurait conseillé une relecture soigneuse du chapitre intitulé « Le caractère fétiche de la marchandise et son secret » dans le livre premier du *Capital* de Marx.) Ce sont *les travailleurs et les agriculteurs cubains* qui créent quelque chose de nouveau lorsqu'ils défendent, font progresser et transforment leurs relations sociales de production et se transforment eux-mêmes du même coup. En le faisant, ils décident quel genre d'engrais, de lutte contre les organismes nuisibles et d'outils ils doivent utiliser dans les conditions objectives auxquelles ils font face. Il n'y a rien d'abstrait à cela.

L<small>EVINS EN ARRIVE À LA CONCLUSION</small> : « Il n'y a donc aucune règle selon laquelle la production à grande échelle est économique et moderne tandis que la production à petite échelle est arriérée. Il n'y a pas non plus de règle absolue voulant que « small is beautiful » [le petit est beau]. » D'accord. Et c'est quelque chose d'important, puisque pendant une bonne partie du vingtième siècle les voix dominantes qui prétendaient indûment parler au nom du communisme mondial — les misleaderships staliniens à Moscou et à Beijing — ont justifié leurs politiques bureaucratiques brutales à l'égard des masses laborieuses de la campagne en invoquant la « nécessité économique. » Même à Cuba l'orthodoxie de « la production à grande échelle est économique et moderne » a été un facteur qui a contribué (même si elle était loin d'en être la cause) aux crises agricoles auxquelles les travailleurs et les agriculteurs ont commencé à faire face en 1986, au début de ce que les Cubains ont appelé le processus de rectification.

Dans le livre *The Dialectical Biologist* [Le biologiste dialectique] qu'il a écrit avec Richard Lewontin et qui est paru en 1985, Levins lui-même a soutenu que « l'agriculture chinoise est passée rapidement de coopérative à collective, principalement par la persuasion et le volontarisme local » — un mythe maoïste que le *Militant* a réfuté à la fin des années 50, au moment où la marche forcée vers les soi-disant communes populaires prenait son envol, et que peu de gens défendraient aujourd'hui. Ce même livre a tenté de justifier la collectivisation forcée de la paysannerie en Union soviétique sous Staline à la fin des années 20 et au début des années 30 en disant qu'elle avait été « requise par une économie socialiste rationnelle » et par « le besoin pressant de nourrir la population travailleuse urbaine. » Quant à la dévastation de l'agriculture soviétique qui en est résultée, Levins en a rejeté la responsabilité sur les paysans et leurs gestes d'autodéfense, qualifiant leur destruction des récoltes et des troupeaux de « casse » et de « sabotage pour protéger leur propriété privée. » « Cette force s'est heurtée à une force encore plus grande et terrible de la part de l'État qui a finalement remporté la victoire [!] de la collectivisation, mais à un prix élevé en vies, en richesse matérielle et en développement politique [4]. »

Par cette collectivisation forcée, le régime stalinien a suivi un cours contraire à celui promu par Lénine et qui consistait à encourager l'organisation volontaire de coopératives agricoles en Union soviétique, dont l'existence même était enracinée dans une alliance de classe des travailleurs et des paysans. « Il faut nous allier à la masse paysanne, aux simples paysans travailleurs, et avancer beaucoup moins vite, infiniment plus lentement que nous ne l'avions rêvé mais, en revanche, de telle sorte que réellement toute la masse avancera avec nous, » a dit Lénine aux délégués d'un congrès du parti en mars 1922. Nous devons prouver « que dans cette situation pénible pour le

---

4. Richard Levins et Richard Lewontin, "The Problem of Lysenkoism" [Le problème du lyssenkisme], *The Dialectical Biologist*, Cambridge, Harvard University Press, 1985, p. 182.

petit paysan ruiné, plongé dans la misère et torturé par la faim, les communistes lui apportent un secours réel et immédiat. Ou bien nous le prouverons, ou bien il nous enverra promener à tous les diables. Cela est absolument certain[5]. » Et c'est effectivement ce qui est arrivé quelques années plus tard avec la politique de la caste privilégiée, qui a d'abord favorisé les paysans riches plutôt que la masse des producteurs ruraux. Et quand le slogan « Paysans, enrichissez vous ! » a donné ses fruits empoisonnés et inévitables à la fin des années 20, elle a confisqué par la force le bétail, l'outillage et les terres utilisées par l'ensemble de la paysannerie, jusqu'aux plus petits potagers.

La réforme agraire à Cuba a aussi poursuivi une orientation de classe et consolidé l'alliance ouvrière et paysanne sur laquelle repose la révolution — une voie qui représente la négation de la politique stalinienne. Fidel Castro a expliqué cette politique en 1988 dans un discours lors de la célébration du 26 juillet à Santiago de Cuba :

> La façon dont nous avons effectué la réforme agraire dans notre pays est différente de la façon dont on l'a fait dans tous les autres pays socialistes. [...] Nous avons donné la terre au paysan qui en avait la possession, au métayer, au colon, au

---

5. V. I. Lénine, « Rapport politique du Comité central du Parti communiste (bolchevique) de Russie, » *Oeuvres*, tome 33, Moscou, éditions du Progrès, 1977, p. 275-276. Voir également dans le même livre « De la coopération, » p. 480-488. Ces textes sont aussi disponibles dans V. I. Lenin, *Lenin's Final Fight: Speeches and Writings, 1922–23* [Le dernier combat de Lénine — écrits et discours, 1922-1923], New York, Pathfinder, 1995, 2010, p. 55-56 et p. 254-262.

squatter, au fermier. Nous lui avons dit : voilà, la terre est ta propriété, et par la suite nous ne l'avons pas forcé à se joindre à des coopératives. Il nous aura fallu 30 ans pour regrouper ces parcelles. Nous avons progressé peu à peu sur la base du strict principe que c'était volontaire. Il n'y a pas un seul paysan à Cuba qui peut dire qu'il a été forcé de se joindre à une coopérative. Il n'y en a aucun ! Et pourtant, plus des deux tiers de leurs terres sont maintenant en coopératives [6].

Bien que Levins semble avoir modifié ses opinions depuis 1985, sa reconnaissance du fait qu'il n'y a « aucune règle selon laquelle la production à grande échelle est économique et moderne » est suivie d'une autre phrase qui n'en découle pas : « L'écologie dicte la taille des unités de production dans le cadre des unités plus grandes de la planification. » Mais la grandeur et le caractère des unités de production agricole à Cuba, pour ne prendre que cet exemple, sont l'aboutissement concret de plusieurs décennies d'expérience avec différentes formes d'organisation, de conflits sociaux, de débats et d'initiatives politiques des travailleurs et des agriculteurs cubains et de leur direction communiste. Ceci comprend :

- les deux réformes agraires effectuées pendant les premières années de la révolution ;
- des mesures adoptées dans le cadre d'une « division socialiste du travail » imposée par la caste privilégiée à la tête de l'URSS et du Conseil d'assistance économique mutuelle, le CAÉM, auquel s'est joint Cuba en 1972 ;

---

6. Fidel Castro, *Cuba Will Never Adopt Capitalist Methods* [Cuba n'adoptera jamais de méthodes capitalistes], New York, Pathfinder, 1988, p. 17 [tirage de 2008].

- le processus de rectification de la fin des années 80, une réorientation prolétarienne visant à mobiliser les travailleurs pour renverser le déclin de la productivité, l'accroissement de la dépendance alimentaire, la démoralisation et d'autres conséquences politiques de la politique bureaucratique de planification et de gestion adoptée au milieu des années 70 sur le modèle de celle en vigueur en URSS ;
- des mesures révolutionnaires adoptées sous les pressions de la période spéciale, y compris la promotion de l'agriculture urbaine à petite échelle (les *organopónicos*).

La conscience politique des travailleurs cubains ; des reculs stimulant la croissance du personnel administratif privilégié ; les luttes contre la politique favorisant les couches bureaucratiques mieux nanties ; la disponibilité ou la rareté de produits énergétiques et industriels, déterminées par les vicissitudes de la lutte de classe très loin à l'extérieur des frontières de Cuba ; et le rapport de force entre les classes au niveau international, y compris des décennies de guerre économique U.S. — tous ces facteurs ont pesé dans la balance. Ni l'« écologie », peu importe ce que Levins entend par là, ni aucun autre facteur externe aux relations sociales n'ont « dicté » les formes d'organisation du travail agricole adoptées par les masses travailleuses et le gouvernement cubains aujourd'hui. Et aucune de ces formes n'est immuable. Elles changeront et se développeront en fonction des progrès sociaux et politiques de l'ensemble des travailleurs et agriculteurs cubains.

Technologie bourgeoise ou valeurs bourgeoises ?

Richard Levins s'inquiète de ce que des socialistes (dont le *Militant* ?) « tombent dans un progressisme passif » et qu'ils « s'imaginent alors que la technique capitaliste peut être adoptée telle quelle à des fins socialistes. Cette admiration sans critique active de la technologie bourgeoise a été un des éléments de l'histoire désastreuse de l'industrie soviétique. » Celle-ci aurait « atteint son apogée dans la croyance de Brejnev que la « révolution technoscientifique » allait sauver l'Union soviétique. »

Le manque de « critique active » de la « technologie bourgeoise » a peu à voir avec ce que Levins décrit par euphémisme comme « l'histoire désastreuse de l'industrie soviétique » (il n'y a pas d'histoire de l'industrie soviétique qui soit distincte de l'histoire des conséquences de la révolution bolchevique trahie). L'origine de ce désastre remonte non pas au pouvoir du premier ministre soviétique Léonid Brejnev, mais à l'épuisement des travailleurs et des paysans face à une guerre civile sanglante, aux invasions impérialistes et aux défaites de la montée révolutionnaire en Europe après la première guerre mondiale ; à l'émergence de couches privilégiées dans l'appareil d'État et dans le parti ; et à la fin abrupte de la lutte de Lénine contre le cours politique de ces couches à la suite d'une attaque cérébrale qui l'a abattu au début de 1923. À la fin des années 20, une caste bureaucratique dont la figure dominante était Joseph Staline avait consolidé une contre-révolution politique. Renversant le cours suivi par le Parti bolchevique et l'Internationale communiste sous la direction de Lénine, cette caste a subordonné la politique intérieure et étrangère à ses intérêts, qui étaient différents de ceux des travailleurs et des paysans. Sa politique ne s'est pas caractérisée principalement par une « admiration sans critique de la technologie bourgeoise, » mais plutôt par l'adoption accélérée de *valeurs bourgeoises* et par le recours à des méthodes apparentées de voyous et de bureaucrates contre les travailleurs et les paysans « arriérés » et contre ses critiques dans toutes les sphères de la vie économique, sociale et politique.

Les appels démagogiques de Brejnev à une « révolution technoscientifique » en Union soviétique de la fin des années 60 au début des années 80 n'ont pas été un « point extrême » de cette dégénérescence politique, mais l'épuisement d'une trajectoire vieille de plusieurs décennies. Ils ont constitué l'avant-dernier chapitre désespéré de ce cours, dont les étapes précédentes en matière de politique agricole ont compris :

- la collectivisation forcée, dont l'agriculture soviétique ne s'est jamais remise (même quantitativement, la production de céréales et les troupeaux de bétail n'ont retrouvé leurs niveaux de 1929 qu'au début des années 50 ; et les paysans et travailleurs agricoles n'ont jamais pu contrôler et administrer les fermes d'État et les fermes collectives qu'on leur avait imposées) ;
- le rejet croissant de la génétique par la caste du milieu des années 30 jusqu'en 1965 (le « lyssenkisme »), un charlatanisme pratiqué dans l'espoir de relancer la production de céréales aux lendemains du désastre de la collectivisation, ce qui a fait reculer encore davantage l'agriculture et la science ; et
- le grand mouvement initié par le dirigeant du Parti communiste soviétique Nikita Khrouchtchev au milieu des années 50 pour défricher des « terres vierges » afin de les cultiver sur une échelle massive, un fiasco bureaucratique qui a abouti en moins de dix ans à la création d'un désert de poussière dans une grande partie de la Russie.

Le fil conducteur de ce bilan de la contre-révolution stalinienne n'est pas un débat philosophique entre « les visions mécanistes/réductionnistes et les visions dialectiques de la nature et de la science. » La caste n'avait pas d'idées — réductionnistes, dialectiques ou celles du professeur Irwin Corey. Elle a inventé des rationalisations pragmatiques pour protéger ses prérogatives et défendre ses privilèges. Elle a transformé en boucs émissaires les travailleurs qui avaient une conscience révolutionnaire et les communistes qui luttaient pour poursuivre le cours de Lénine et du parti bolchevique, en les discréditant comme étant des « agents d'Hitler, » des « agents du Mikado » et plus tard des « agents de la CIA, » « des trotskystes, » « des sionistes, » « des trotsko-sionistes » et ainsi de suite. Des millions de personnes ont été terrorisées, jetées dans des camps de concentration ou annihilées par la machine à tuer internationale de Staline — des méthodes d'État policier utilisées pour écraser tout vestige de vie politique et d'activité révolutionnaire parmi les travailleurs et les paysans, qui représentaient la plus grande menace à la domination bureaucratique de la caste. L'effondrement au début des années 90 de ce régime de plus en plus en décomposition et fragile a été la conséquence sociale inévitable d'un cours politique prolongé.

Commencer avec le monde

Il y a quelque 45 ans, face à cette contre-révolution politique, la révolution cubaine et sa direction ont commencé à ouvrir à nouveau la possibilité de développer et d'*utiliser* le marxisme comme un guide révolutionnaire pour les luttes populaires des travailleurs et des agriculteurs non seulement dans les Amériques mais loin au-delà. Ce seul fait suffirait à donner à la direction de la révolution cubaine une place exceptionnelle dans l'histoire mondiale et dans la lutte de classe.

Comme l'ont fait remarquer les articles du *Militant*, la construction de partis prolétariens et d'un mouvement révolutionnaire international — dont la seule raison d'être est de porter au pouvoir des gouvernements de travailleurs et d'agriculteurs et de faire progresser la lutte pour le socialisme — est impossible sans une lutte pour combler l'écart énorme qui sépare les conditions économiques, sociales et culturelles des travailleurs de différents pays et les régions urbaines et rurales à l'échelle mondiale.

La majorité de la population de la planète vit encore à la campagne ; la plupart de ces travailleurs ruraux cultivent la terre. L'impérialisme retarde et déforme le développement économique et social partout en Asie, en Afrique et en Amérique latine, y compris au niveau de l'emploi par les paysans de techniques agricoles scientifiques modernes pour accroître leur productivité. Le capital financier se joint aux exploiteurs de chaque pays pour empêcher toute réforme agraire et l'accès à un crédit abordable. Il rend l'autosuffisance alimentaire impossible, en affectant de plus en plus de terres aux cultures d'exportation pour le marché mondial. Sa course aux profits étouffe l'allocation de ressources pour le développement de nouvelles lignées de plantes ou de vie animale mieux adaptées au sol, au climat et aux autres besoins des travailleurs du monde entier.

Comme l'a reconnu Marx il y a près d'un siècle et demi, aussi longtemps que la production, le crédit et la commercialisation sont déterminés par la concurrence pour les profits, l'utilisation de la mécanisation, des engrais chimiques et des autres méthodes agricoles avancées — des *nécessités* encore inaccessibles pour la grande majorité des cultivateurs du monde — entraîne simultanément l'épuisement des sols, la contamination des eaux et elle nuit à la santé des agriculteurs, des travailleurs agricoles et de la population. De nombreuses méthodes biologiques utilisées par les agriculteurs à Cuba aujourd'hui, développées avec l'aide de scientifiques et de techniciens, pourraient sans aucun doute être utilisées avec des modifications concrètes par les agriculteurs du monde entier. À Cuba cependant, une révolution socialiste a brisé la domination des relations sociales capitalistes, permettant aux travailleurs d'organiser le travail collectif pour satisfaire les besoins des êtres humains et non pour maximiser les profits privés. Toute extension importante à d'autres pays de ce qui se passe dans les villes et campagnes de Cuba est donc d'abord et avant tout une question de politique révolutionnaire prolétarienne et non d'émulation de méthodes agricoles.

Comme l'a rappelé Ernesto Che Guevara à des étudiants en médecine à Cuba en août 1960 : « Pour être un médecin révolutionnaire, […] il faut d'abord qu'il y ait une révolution [7]. »

LES MÊMES CRITÈRES POLITIQUES s'appliquent à la culture de ce qu'on appelle les organismes génétiquement modifiés ou OGM. Les adversaires de l'exploitation impérialiste ne devraient pas faire campagne pour empêcher ou limiter le développement de nouvelles variétés de plantes. Nous devrions nous réjouir de tels progrès scientifiques tout en dénonçant l'irrationalité inhumaine de leur utilisation par le capitalisme : le fait que les propriétaires de sociétés comme Monsanto et Pioneer font breveter des graines pour mieux escroquer les agriculteurs ; les efforts de l'agro-industrie pour limiter la technologie des OGM aux cultures « rentables » plutôt qu'à la production des denrées de base dont dépendent la vie et les moyens d'existence de centaines de millions de personnes ; la fraude de l'expérimentation et de la réglementation régies par

---

7. Ernesto Che Guevara, *Che Guevara habla a la juventud* [Che Guevara parle aux jeunes], New York, Pathfinder, 2000, p. 55 [tirage de 2007].

le profit, avec tous les dangers qui en découlent pour l'humanité, au lieu de normes prolétariennes de santé et de sécurité guidées par la solidarité humaine ; les batailles commerciales protectionnistes entre les grandes puissances capitalistes dont les travailleurs subissent les conséquences dévastatrices (et qui ne sont elles-mêmes qu'une manifestation des conflits interimpérialistes de plus en plus stridents à travers lesquels on peut entendre depuis la première guerre contre l'Irak en 1991 les premières salves de la troisième guerre mondiale).

« Ce n'est pas une question de principe, « pour » ou « contre » les OGM, dit Richard Levins. C'est plutôt une question d'appliquer quatre critères avant d'accepter une technologie. » Il poursuit : « La nouvelle technologie accomplira-t-elle ce qu'elle promet ? [...] Que fait-elle d'autre ? Nous connaissons quelques-uns des effets évidents : renforcer la domination des monopoles de produits chimiques sur la production alimentaire et sur les agriculteurs et favoriser les monocultures qui augmentent les dangers d'organismes nuisibles. »

Sans vouloir nous répéter ici, nous remarquons une fois de plus que les arguments de Levins ne tiennent aucun compte du travail humain et des relations de classe. La « nouvelle technologie » en soi ne fait rien. Ce sont des êtres humains — agissant dans le cadre des lois qui régissent le fonctionnement du capitalisme et de la lutte de classe qu'elles engendrent — qui *utilisent* de nouvelles techniques et technologies pour faire des choses qui ont des conséquences sociales. Le développement et la promotion par les exploiteurs de cultures génétiquement modifiées renforcent en effet la domination des trusts sur les agriculteurs, comme c'est aussi le cas avec leur contrôle de l'élevage et/ou de la production d'animaux domestiqués, de plantes hybrides, d'engrais à l'azote, de batteuses, de tracteurs et d'à peu près tout le reste. La concurrence entre des capitaux de plus en plus grands a pour effet de « favoriser les monocultures, » d'augmenter « les dangers d'organismes nuisibles » — et de faire bien pire, dans les champs, les mines, les usines et à l'échelle mondiale.

Comme l'a souligné la série initiale des articles du *Militant* en citant Marx : « Il faut du temps et de l'expérience avant que le travailleur apprenne à distinguer la machinerie de son utilisation capitaliste, et donc à transférer ses attaques du moyen matériel de production lui-même à la forme sociale d'exploitation de celui-ci. »

Le gouvernement cubain est aujourd'hui engagé dans la recherche et le développement de pommes de terre, de riz, de maïs, de canne à sucre, de patates douces, de papayes et de tilapias (un poisson d'eau douce) génétiquement modifiés. Un article du 13 juillet 2004 de l'édition en ligne de *Granma International* a souligné par exemple que la lutte contre des conditions de sécheresse dans certaines régions de Cuba « n'est pas simplement une question d'utiliser moins d'eau ; en fait, elle implique aussi l'utilisation de méthodes génétiques pour obtenir des variétés qui sont plus résistantes à la pénurie d'eau. »

Carlos Borroto, directeur adjoint du Centre de génie génétique et de biotechnologie, a décrit le programme de recherche cubain lors d'une table ronde regroupant des scientifiques à La Havane il y a environ 2 ans. « Nous travaillons depuis plus de 15 ans avec des micro-organismes génétiquement modifiés, a-t-il dit, et nous n'avons encore aucune culture utilisée commercialement. C'est précisément parce que nous effectuons une évaluation des risques. Je peux dire avec une certitude absolue que, comme c'est le cas avec toutes les autres technologies modernes à risque, ces risques sont complètement contrôlables quand ils sont bien gérés [8]. »

La décision du gouvernement cubain de ne pas mettre encore en vente de produit transgénique est aussi due en partie aux rivalités commerciales interimpérialistes qui ont conduit des gouvernements en Europe à alimenter la crainte publique des OGM pour justifier l'interdiction d'importations ou l'imposition de barrières douanières. « Nous ne voulons pas être les premiers dans le monde à mettre en vente un poisson transgénique ! » a dit Carlos Borroto lors d'une conférence à Londres en mars 2004, selon un compte rendu publié dans le numéro d'avril de *Cuba Sí*, le magazine de la Campagne de solidarité avec Cuba au Royaume-Uni. Il a aussi donné l'exemple d'un importateur en Europe qui a refusé de prendre en considération un tabac cubain contenant un gène résistant au mildiou « parce que les amateurs de cigares n'achèteraient pas de cigares faits de plantes génétiquement modifiées ! J'ai trouvé cette position un peu étrange, » a fait remarquer le scientifique cubain, « que les gens se préoccupent des risques d'organismes transgéniques étant donnés les dangers connus du tabac ! »

Le « mouvement biologique »

Contrairement à l'impression de Richard Levins, les articles du *Militant* n'ont défendu aucune méthode agricole particulière à Cuba ou ailleurs, par quelque main-d'oeuvre ou dans quelque système social que ce soit. Cela

---

8. Fidel Castro Díaz-Balart (dir.), *Cuba, Amanecer del Tercer Milenio. Ciencia, sociedad y tecnología* [Cuba, aube du troisième millénaire. Science, société et technologie], La Havane, Editorial Científico-Técnica, 2002, p. 257. Borroto est aussi chef du Programme national de biotechnologie agricole cubain.

dépasse les compétences de leur auteur. En réponse à une lettre à la rédaction, les articles ont montré comment les agriculteurs cubains continuent d'utiliser des engrais chimiques aussi bien que biologiques, ainsi que d'autres intrants agricoles. Levins confirme ce fait en disant que « la grande majorité de l'agriculture [à Cuba] comprend en ce moment un mélange de méthodes biologiques et semi-biologiques, avec une réduction progressive de l'usage des produits chimiques, tandis que l'agriculture urbaine est presque totalement biologique. »

Les articles ont poursuivi en disant (et là Levins n'est pas d'accord) : « à mesure que les conditions économiques s'amélioreront et leur permettront de le faire, le gouvernement et le peuple cubains choisiront encore sans doute d'augmenter l'utilisation des intrants et des techniques agricoles chimiques qui sont relativement sans danger, si leur usage permet aux agriculteurs et aux travailleurs agricoles d'augmenter la productivité, de réduire le travail éreintant, et de nourrir et habiller plus de personnes à moindres frais. » Les articles ont aussi exprimé l'opinion que les agriculteurs cubains, à mesure que le carburant deviendra plus abordable, augmenteront à nouveau leur recours aux machines agricoles à moteur et réduiront leur grande dépendance vis-à-vis des boeufs que la nécessité leur a imposée au cours des dernières années — un fait qui non seulement réduit la productivité du travail agricole, mais use également les muscles et les os humains.

RICHARD LEVINS DIT qu'il n'a « aucune nostalgie pour le travail éreintant que constitue la préparation d'une terre d'argile lourde avec une houe ni aucune passion pour la simplicité néolithique » et qu'il peut « voir la différence entre retourner à des technologies moins efficaces et en inventer de nouvelles qui intègrent les connaissances antérieures. » Très bien. Nous n'avons aucun désaccord ici. Mais on ne peut dire la même chose du soi-disant mouvement biologique aux États-Unis dont Levins se fait le champion dans sa réponse.

En tant que cours *politique*, la « culture biologique » est devenue principalement la cause de professionnels et de membres des classes moyennes plus fortunées qui rêvent d'un capitalisme plus gentil et plus doux. Pour beaucoup d'entre eux, il s'agit d'un style de vie qu'ils ont les revenus et la possibilité d'adopter à leur discrétion. En tant qu'entreprise commerciale, c'est un créneau spécialisé de l'industrie alimentaire capitaliste qui est en expansion, pratique des prix élevés et est de plus en plus monopolisé. De nombreux agriculteurs en difficulté se sont tournés vers lui dans l'espoir de sauver leur terre, leur santé, leurs moyens d'existence et leur marge de profit. Dans les deux cas, ses objectifs et sa composition sont étrangers à une ligne de marche prolétarienne qui éduque et mobilise un mouvement *anticapitaliste* révolutionnaire de la classe ouvrière et de ses alliés exploités et opprimés parmi les agriculteurs, les pêcheurs, les autres producteurs et les classes moyennes.

Richard Levins pense que la série d'articles du *Militant* érige un homme de paille — « un petit-bourgeois de paille » comme il le dit — « en suggérant que la culture biologique sous le capitalisme se présente comme une alternative à la lutte révolutionnaire. […] Il s'agit « simplement » d'une lutte pour une production alimentaire comportant moins de risques et pour des aliments de meilleure qualité. » Des organisations comme l'Association de l'agriculture biologique du Nord-Est, dit-il, regroupent « des petits producteurs, des artisans, des groupes de consommateurs et des innovateurs dans un mouvement généralement progressiste et en conflit avec l'agriculture monopolisée. Ils inventent des façons de réduire les coûts afin que les travailleurs de nos villes puissent aussi obtenir les aliments de meilleure qualité qu'ils méritent. »

Mais le problème n'est ni l'agriculture *monopolisée*, ni l'industrie, le commerce ou le système bancaire *monopolisés* : c'est le *capitalisme* et *l'État capitaliste*. Depuis l'essor de l'impérialisme il y a plus d'un siècle, la politique « antimonopoliste » aux États-Unis a été la politique de la réforme du capitalisme. Depuis les populistes de la fin du dix-neuvième siècle jusqu'à l'appel de longue date du Parti communiste des USA à une « coalition antimonopoliste, » qui guide la politique de son milieu aujourd'hui, l'objectif a été d'orienter les travailleurs, les agriculteurs et nos organisations vers le soutien à une aile soi-disant « antimonopoliste » de la politique bourgeoise, généralement un membre du Parti démocrate. On en a un exemple au passage dans la campagne à l'élection présidentielle U.S. de 2004 dans le rapprochement Buchanan/Nader, leur campagne financière à partir de la même liste d'envoi de droite et leur bordée d'injures contre le « grand capital » et la « domination des corporatistes. »

APRÈS AVOIR LU LA RÉPONSE de Levins, j'ai visité le site web de l'Association de l'agriculture biologique du Nord-Est. J'ai été frappé par le logo qui apparaissait sur le tract annonçant la conférence de la NOFA en août 2004 : une femme conduisant une charrue traînée par des chevaux. L'oratrice principale qu'on y annonçait est Vandana Shiva, une militante bien connue contre les cultures génétiquement modifiées. Dans une entrevue accordée en 2003 et affichée sur ecoworld.org, Vandana

Shiva se déclare opposée à « tous les systèmes modernes d'agriculture industrielle, qu'il s'agisse de la révolution verte, de l'agriculture chimique ou du génie génétique. » Elle ajoute : « l'industrialisation entraîne la désacralisation » et est « un projet de l'orgueil. » (Incidemment, cette ennemie de l'orgueil industriel vient de l'Inde, où moins de la moitié des quelque 650 000 villages ruraux — qui regroupent 60 pour cent de la population — ont accès à l'eau potable ou à l'électricité.)

Une autre chose qui a attiré mon attention est la « campagne du lait cru » de la NOFA, qui vise à faire abolir les interdictions gouvernementales sur la vente de lait non pasteurisé. Le site web s'empresse d'avertir « les jeunes, les personnes âgées et les individus ayant un système immunitaire affaibli d'étudier et d'examiner soigneusement les risques et les avantages associés au fait de boire du lait cru. [...] Comme dans le cas de tous les aliments entiers vivants, la NOFA vous recommande de connaître les normes de santé animale et les pratiques hygiéniques de votre producteur de lait » — un conseil auquel peu de travailleurs ont le temps de porter attention lorsqu'ils achètent un litre de lait au supermarché ou à l'épicerie du coin en rentrant du travail !

Richard Levins dit que les organisations comme la NOFA « ont inventé des façons de réduire les coûts afin que les travailleurs de nos villes puissent aussi obtenir les aliments de meilleure qualité qu'ils méritent. » Et il termine en disant : « Un mouvement révolutionnaire doit contester le caractère destructeur et aliénant de tous les aspects de la société capitaliste afin de construire le genre de mouvement qui peut libérer la classe ouvrière et toute la société. »

Les articles du *Militant* ne visent pas à bâtir un mouvement qui puisse « libérer la classe ouvrière » ou garantir qu'elle puisse obtenir ce qu'elle mérite. Ils s'appuient sur la première phrase des statuts de l'Association internationale des travailleurs rédigés par Karl Marx il y a 140 ans : « L'émancipation de la classe ouvrière doit être l'oeuvre des travailleurs eux-mêmes. » C'est pourquoi il est important de discuter des points soulevés par Richard Levins. Sans clarté sur ces points, il ne peut y avoir d'alliance des travailleurs et des agriculteurs assez solide pour atteindre ce but.

DEUX DERNIERS COMMENTAIRES

Richard Levins répond

La réponse de Steve Clark à mon plaidoyer pour l'agriculture biologique comprend un cours de matérialisme historique du niveau de la maternelle, une critique de Vandana Shiva, des références aux organismes génétiquement modifiés et des épisodes de l'histoire russe, mais n'aborde pas les principaux points en litige :

1. Sous le capitalisme, la connaissance est créée et adoptée pour répondre aux besoins de la classe capitaliste : profit maximal et contrôle de la force de travail. Les capitalistes appliquent des critères d'« efficacité » qui valorisent les avantages qu'ils peuvent en tirer tout en rejetant comme des « externalités » autant de coûts que possible sur la classe ouvrière présente et future.

2. Quand la classe ouvrière arrive au pouvoir, elle a la possibilité et la nécessité de développer ses propres rapports avec la nature en évaluant la science mondiale et en adoptant des orientations de recherche et des technologies qui sont productives, qui protègent la santé des producteurs et de toute la population, et qui sont durables et favorables aux nouvelles relations sociales. Pour cette raison, le progrès technique ne suit pas une voie unique, mais peut aller dans différentes directions. Nous devons toujours demander : le progrès pour qui ?

3. Les méthodes écologiques en agriculture, dont la lutte contre les parasites et la promotion de la fertilité du sol, se sont révélées productives, économiques et durables aux plans social et biologique. Voilà pourquoi après avoir fait l'expérience de l'approche de la « révolution

verte, » Cuba avance dans cette voie. L'urgence de la période spéciale a accéléré le processus, mais il s'agit d'une orientation à long terme.

Steve Clark commente

1. Comme l'indique Richard Levins, les points dans ma réplique sur le travail social, le mode de production, le fétichisme de la marchandise et la transformation de la nature sont peut-être du niveau de la maternelle. Ce que j'ai soulevé, c'est que sa réponse à la série d'articles du *Militant* a échoué de manière répétée à ce test de maternelle.

2. C'est Levins qui a mentionné comme son seul exemple concret du « mouvement biologique » aux États-Unis l'Association de l'agriculture biologique du Nord-Est comme « un mouvement généralement progressiste et en conflit avec l'agriculture monopolisée. » Ma réponse a noté le fait que Vandana Shiva, qui se décrit elle-même comme une adversaire de « tous les systèmes modernes d'agriculture industrielle, » a été invitée par la NOFA comme oratrice principale à sa conférence de 2004 ; que le logo de la conférence est une charrue tirée par un cheval ; et que le groupe fait campagne pour l'abrogation des lois exigeant la pasteurisation du lait. Dans quel cadre de classe de telles opinions peuvent-elles être définies comme progressistes ? La politique « antimonopoliste » peut servir, et sert souvent, de chapeau sous lequel la « gauche » et la « droite » font cause commune — au péril mortel de la classe ouvrière, comme l'histoire du vingtième siècle le prouve amplement.

3. La réponse de Levins aux articles du *Militant* a expliqué de manière assez détaillée son opposition au développement et à l'utilisation d'organismes génétiquement modifiés. Tout comme les articles initiaux du *Militant*,

ma réplique a présenté l'opinion qu'on peut maîtriser les risques propres à ces technologies en développement et exploiter leurs avantages dans l'intérêt de l'humanité. C'est une question de classe. Et la voie empruntée par les travailleurs et agriculteurs de Cuba montre la voie à suivre.

4. Ce que Levins fait passer pour de simples « épisodes de l'histoire russe » est en fait le bilan de plus de six décennies pendant lesquelles une caste privilégiée et le mouvement international stalinien qu'elle a dominé ont combiné la violence meurtrière à une contrefaçon du marxisme pour mener un assaut contre-révolutionnaire contre ceux et celles qui étaient déterminés à poursuivre le cours internationaliste prolétarien de Lénine. Encore et encore, la caste a mené les luttes des travailleurs et des nations opprimées dans le monde à des défaites et reculs sanglants. Contrairement au peu d'importance que lui accorde Levins, organiser et éduquer les travailleurs, les agriculteurs et les jeunes qui ont un esprit révolutionnaire pour qu'ils comprennent pourquoi ces événements se sont produits afin de réduire la possibilité que de tels « épisodes » se reproduisent sont des tâches qui sont loin d'être secondaires pour la science ou la société. L'avenir de l'humanité en dépend.

5. Quant aux « principaux points en litige » de Levins, ils ne font pas l'objet de désaccord. La seule exception, c'est l'argument suggéré dans le dernier de ses trois points, qui présuppose que l'utilisation par les agriculteurs (à Cuba ou ailleurs) d'engrais chimiques, de pesticides et d'herbicides ne peut pas être « productive, économique et durable aux plans social et biologique. » La série d'articles du *Militant* et ma réplique s'opposent à l'exclusion catégorique de tout progrès technologique et scientifique disponible aux travailleurs. La racine des conséquences

souvent dévastatrices des méthodes capitalistes d'agriculture industrielle ne peut être réduite à des intrants synthétiques, à des récoltes transgéniques, à l'utilisation de machines ou à tout autre moyen particulier. L'origine en est plutôt dans la façon dont tous ces moyens de production sont déployés par les exploiteurs, que ce soit dans les champs ou dans les usines, dans leur concurrence pour accumuler du capital.

Jusqu'à ce que le prolétariat et ses alliés libèrent l'organisation du travail social et sa transformation de la nature des contraintes de la propriété privée des moyens de production, la science et la technologie continueront d'être utilisées par les exploiteurs pour assurer la reproduction des relations sociales qui maintiennent leurs richesses et leur domination de classe, indépendamment des conséquences pour les travailleurs et les agriculteurs ou pour l'atmosphère terrestre, le sol et l'eau. Une fois libérées de ces contraintes, les possibilités productives ouvertes à l'humanité vont au-delà de ce que nous pouvons même imaginer aujourd'hui. Comme Marx l'a souligné il y a 150 ans, il s'agit pour les travailleurs et leurs alliés de *changer* ces rapports de classe. C'est la réponse prolétarienne à la question très justement posée par Richard Levins : « le progrès pour qui ? » Mais on ne peut y répondre que dans la pratique et qu'en répondant en même temps à la question qui lui est toujours étroitement liée : « par qui ? »

LA TRANSFORMATION DE NATURE PAR LE TRAVAIL

En défense de la terre et du travail : L'intendance de la nature incombe aussi à la classe ouvrière
JACK BARNES, STEVE CLARK, MARY-ALICE WATERS

« Tout progrès dans l'agriculture capitaliste est non seulement un progrès dans l'art de piller le travailleur, mais aussi dans l'art de piller le sol. […] Par conséquent, la production capitaliste ne se développe qu'en ruinant dans le même temps les sources vives de toute richesse : la terre et le travailleur. » Karl Marx, 1867. Dans *Nouvelle Internationale* n° 9. 14 $ US. Aussi en anglais et en espagnol.

Le socialisme et l'homme à Cuba
ERNESTO CHE GUEVARA, FIDEL CASTRO

« L'homme atteint réellement sa pleine condition humaine lorsqu'il produit sans la contrainte de la nécessité physique de se vendre comme marchandise, » explique Che Guevara dans le mieux connu de ses écrits. Contient aussi le discours prononcé à l'occasion du vingtième anniversaire de la mort de Guevara par Fidel Castro. 5 $ US. Aussi en anglais, espagnol, farsi et grec.

Le Capital
KARL MARX

Karl Marx explique comment fonctionne le système capitaliste et comment il produit les contradictions insolubles qui alimentent la lutte de classe. Il démontre le caractère inévitable de la lutte pour la transformation révolutionnaire de la société, qui sera pour la première fois dirigée par la majorité productrice : la classe ouvrière.
Livre 1 : 18 $ US ; Livre 2 : 18 $ US ; Livre 3 : 18 $ US. En anglais et en espagnol.

WWW.PATHFINDERPRESS.COM

LECTURES SUPPLÉMENTAIRES

Le désordre mondial du capitalisme
La politique ouvrière au millénaire
JACK BARNES

La dévastation sociale et les paniques financières, le durcissement de la politique, la brutalité policière et les agressions impérialistes, aucune de ces réalités n'est le produit de quelque chose qui s'est détraqué dans le capitalisme, mais bien des lois qui régissent son fonctionnement. Ce qui peut changer l'avenir, c'est la lutte unitaire des travailleurs et des agriculteurs conscients de leur capacité de mener des batailles révolutionnaires pour le pouvoir d'État et de transformer le monde. 20 $ US. Aussi en anglais et en espagnol.

« Ce sont les pauvres qui font face à la sauvagerie du système de « justice » US »
Les Cinq Cubains parlent de leur vie au sein de la classe ouvrière aux États-Unis

Police, tribunaux, prison, libération conditionnelle : le système de « justice » US fonctionne comme « une énorme machine à broyer les gens. » Victimes d'un coup monté du gouvernement US et incarcérés pendant 16 ans aux États-Unis, cinq révolutionnaires cubains expliquent la dévastation humaine engendrée par la « justice » capitaliste. Ils expliquent en quoi Cuba socialiste est différente. 10 $ US. En anglais, espagnol, farsi et grec.

La série Teamster
FARRELL DOBBS

Des grèves de 1934, qui ont obtenu la reconnaissance du syndicat, à la lutte des travailleurs ayant une conscience de classe pour s'opposer à l'entrée de Washington dans la deuxième guerre mondiale. Quatre tomes, 16 $ US chacun. En anglais et en espagnol. Le premier tome existe en français.

# INDEX

A

ABM. *Voir* Traité sur les missiles antibalistiques
Accord de libre-échange nord-américain (aléna), 50-51
Afrique, 3, 20, 35, 37, 57-58, 165-166, 177 ; électrification, 3, 33, 158 ; exploitation impérialiste, 47, 109, 158-159, 221 ; immigration originaire de, 52-53, 59
Afrique du Sud, 33, 170
Agriculteurs, 14-16, 25, 209-210 ; et agriculture biologique, 227-228 ; chassés de la terre, 162, 174, 177 ; à Cuba, 108, 147-153, 178-179, 201, 210-211, 212, 213, 215-217, 221-222, 226 ; et dictature du prolétariat, 12-15, 62-65, 76, 137 ; exemple de Cuba, 181-182, 210-211, 220 ; exploitation capitaliste, 172-174, 177-178, 222-224 ; et fossé culturel, 12-16, 19, 28-29, 158-160 ; idées bourgeoises et, 60, 169, 176, 228-229 ; leurs luttes, 118, 119, 125 ; dans monde semi-colonial, 47, 158-159, 177 ; et mouvement communiste, 79, 84, 93, 126, 128, 129 ; noirs, 69-71 ; et OGM, 169, 171-174, 200 ; leur santé et sécurité, 171-172, 192, 221 ; sous le stalinisme, 213-215, 218-219. *Voir aussi* Agriculture ; Agriculture, à Cuba ; Alliance des travailleurs et des agriculteurs
Agriculture, 63, 191-193, 209-210 ; capitalisme et, 161-166, 171-172, 221 ; politiques staliniennes, 213-215, 218-219 ; progrès, 160-161, 191-193, 200. *Voir aussi* Agriculteurs ; Agriculture biologique ; Agriculture, à Cuba
Agriculture biologique. Assertions de supériorité, 148, 154, 160-161, 170, 193, 195-196, 205 ; sous le capitalisme, 148, 154-155, 227-228 ; à Cuba, 147, 151, 155, 191-192, 197-198 ; ses partisans, 152-153, 155, 202-203, 227-229, 232
Agriculture, à Cuba, 197-198, 213, 216-217 ; agriculture biologique, 150-151, 155, 191-192, 194-196, 197-198 ; intrants chimiques, 147, 149-152, 192-195, 226, 233-234 ; mécanisation, 178-181 ; période spéciale, 148, 149-151, 181, 231-232 ; potagers urbains (*organopónicos*), 147, 148, 150-151, 198, 217 ; production sucrière, 152, 178-181, 197-198 ; réforme agraire, 178, 215-

237

217 ; traction animale, 150, 152-153, 181, 201. *Voir aussi* Agriculteurs, à Cuba
Agro-industrie, 154-155, 172-174, 175-176, 177-178, 222-224
AIM. *Voir* Association internationale des machinistes
Albanie, 80
Aléna. *Voir* Accord de libre-échange nord-américain
Algérie, 90-92
Allemagne, 77, 98-99, 157, 161
Alliance des travailleurs et des agriculteurs, 34, 61, 230 ; à Cuba, 34, 215 ; et fossé entre ville et campagne, 12-16, 19, 28-29, 31-32, 43-44, 157-158, 159-160, 183, 220-221 ; Lénine sur, 12-16
Alliance pour le progrès, 33
Alphabétisation, campagnes. À Cuba, 28-29 ; en Russie, 19
America's Road to Socialism (Cannon), 36
Amérique latine, 20, 35, 37, 38, 57 ; conditions sociales, 3, 33-35, 158-159, 177 ; exploitation impérialiste, 47, 48-50, 109, 221 ; immigration originaire de, 52, 59
Analphabétisme, 159. *Voir aussi* Alphabétisation
Anarchistes, 169
Argentine, 33, 38, 48-49, 169, 170
Armée rouge, 137
Armes nucléaires, 53, 96-97, 101-102, 115-116
Asie, 20, 35, 37, 57-58, 100, 177 ; électrification, 3, 32, 33, 158 ; exploitation impérialiste, 47, 109, 158-159, 221 ; immigration originaire de, 52-53, 59
Association de l'agriculture biologique du Nord-Est (NOFA), 202-203, 228-229, 232
Association internationale des débardeurs (ILA), 73
Association internationale des machinistes (AIM), 115-116
Association internationale des travailleurs, 230
Australie, 32, 47, 59, 158
Azerbaïdjan, 90

B

Banque mondiale, 32, 46, 48
Bell Curve, The (Herrnstein et Murray), 54
Ben Bella, Ahmed, 90, 91
Bishop, Maurice, 81, 89, 90, 138
Bizutage, dans les forces armées U.S., 28
Blair, Anthony, 100
Borroto, Carlos, 224-225
Bouclier antimissile, 96-97, 101, 102
Brejnev, Léonid, 200, 218, 219
Brésil, 33, 38, 170
Buchanan, Patrick, 51-52, 55, 57, 228
Buffenbarger, Tom, 116
Buffet, Warren, 56
Burkina Faso, 90, 92, 138, 165-166
Bush, George W., 50, 96, 97, 101-104, 116, 124

C

CAÉM. *Voir* Conseil d'assistance économique mutuelle
Canada, 46, 50, 169, 170, 173, 177
Cannon, James P., 36, 79, 89, 117
Capital, Le (Marx), 58-59, 174-175, 212-213 ; travail et nature, 107, 153-154, 161-164, 208
Capitalisme, 3, 4, 5-7, 30, 69-70, 231 ; agriculture, 161-165, 171-172, 221 ; environnement, 38,

40, 156-157, 161, 164-166, 171-172, 221 ; intérêts nationaux et, 20-21, 46 ; monopoles, 228. *Voir aussi* Impérialisme
Castro, Fidel, 50-51, 89, 134, 135, 179, 215-216
Charbon, 35-36, 40
Chevaliers du camélia blanc, 70
Chine, 21, 37, 53, 158, 170 ; menaces U.S., 97-98 ; révolution, 77, 80-81
Chirac, Jacques, 95
Chômeurs, 52, 59, 118, 179
Cinq de Charleston, 73
CIO. *Voir* Congrès des organisations industrielles
Classe ouvrière, 13-14, 26-28, 30, 63 ; son avant-garde, 67, 74-75, 84, 93, 107-108, 126-129 ; ses capacités, 107-108, 114, 181-182, 210-212, 229-230 ; à Cuba, 108, 150-151, 152, 178-179, 210-211, 212, 213, 216-217 ; développement mondial, 20, 61, 87 ; et immigration, 52-53, 65-67, 114, 125 ; comme productrice de la richesse, 208, 209-210 ; sa résistance aujourd'hui, 60, 113, 119-121, 124-126. *Voir aussi* Internationalisme, prolétarien
Clinton, William, 50, 96
Colonialisme, 138
Commune de Paris, 139
Congrès des organisations industrielles (CIO), 118, 124
Conseil d'assistance économique mutuelle (CAÉM), 216
Conseils des citoyens blancs, 70
Coopératives agricoles, 214, 216
Corée, 80 ; nord, 45, 97 ; sud, 37, 50
Côte d'Ivoire, 33
CPUSA. *Voir* Parti communiste des USA

Crise des « missiles » (Cuba, octobre 1962), 29, 134
« Critique du programme de Gotha » (Marx), 106-107, 209
Cuba, 26, 164, 168 ; aide soviétique, 40-41, 133-134, 216 ; attaques U.S., 28, 41, 45, 134, 149, 217 ; et chute du stalinisme, 41, 134-135, 149, 211-212 ; électrification, 34 ; énergie nucléaire, 40-41 ; énergie solaire, 34, 36 ; exemple international, 82-83, 108, 137-138, 178, 210-212, 220, 222 ; internationalisme, 29, 212 ; et stalinisme, 81-82, 127 ; travailleurs et agriculteurs, 108, 148, 149-153, 178-179, 201, 210-211, 212, 213, 215-217, 221-222, 226
Cuba et la révolution américaine à venir (Barnes), 89, 113-114
Culture, 21-24, 38 ; électrification et, 17-18, 19, 31, 34 ; révolution cubaine et, 28-29, 34 ; stalinisme ct, 28-29, 34 ; travail social et, 17-18, 22-23, 38, 208 ; en zones rurales, 15, 19-20, 23-24, 28-29, 34, 159-160

D

Dakota Premium Foods, 119-120
Darwin, Charles, 199
DDT, 170-171
Démocratie, bourgeoise, 24-25
Désarmement, 101
Désordre mondial du capitalisme, Le (Barnes), 89, 139, 156
Dialectical Biologist, The (Lewontin et Levins), 213-214
Dictature du prolétariat, 12-13, 14, 24, 183, 208 ; ses tâches, 63-65, 74
Dobbs, Farrell, 89

Dollar U.S., 100 ; en Amérique latine, 48-49
Drapeau de combat des confédérés, 72-74
Droits civils, mouvement, 71-72, 74

E

Eau, potable, 18, 61, 229
Échange inégal, 47
Égalité bourgeoise, 24-25
Ehrlich, Paul, 60
Électrification. Dans monde semi-colonial, 3-4, 31-34, 43-44, 61, 158, 229 ; et pouvoir des soviets, 11-13, 14-16 ; et progrès de la culture, 3-4, 17-18, 19, 31 ; statistiques mondiales, 31-34, 158
Empire romain, 96
Énergie nucléaire, 37-38 ; à Cuba, 40-41 ; position du SWP sur, 38-44
Énergie solaire, 34, 36
Engels, Friedrich, 27, 107, 182-183, 199, 212 ; sur l'environnement, 156-157, 164-165
Environnement, 156-157 ; dans système capitaliste, 34-35, 40, 156-157, 161, 164-166, 221
Environnementalistes, petits-bourgeois, 53-54, 60, 170 ; et OGM, 167-169 ; et agriculture biologique, 152, 155
Équateur, 33, 48
Escalante, Aníbal, 82
Espagne, 77
Espérance de vie, 57, 160
État et la révolution, L' (Lénine), 89
État ouvrier, 32, 41, 57, 97-98 ; Union soviétique comme, 78, 81, 133, 134, 135
États-Unis, histoire, 69-72, 108-109
Euro, 99-100
Europe de l'Est, 37, 99, 102, 103, 156 ; effondrement du stalinisme, 57, 149, 211

F

Faim, dans le monde, 59, 61, 159, 176-177
Fascisme, 25, 208
Femmes, 56-58 ; et lutte du prolétariat, 65, 138 ; mouvement pour leurs droits, 72
Festival mondial de la jeunesse, 91, 131
Fétichisme, de la marchandise, 212-213
Finlande, 38
FMI. *Voir* Fonds monétaire international
Fonds monétaire international (FMI), 48, 169
Forum ouvrier du Militant, 51, 126, 130
France, 37, 77, 80, 91-92, 98-99, 161 ; et impérialisme U.S., 95, 97, 98
France, Anatole, 25
Fraternité des charpentiers, 124, 125
Front sandiniste de libération nationale (FSLN), 136
FSLN. *Voir* Front sandiniste de libération nationale

G

Gardes de défense ouvrières, 109, 118
Gates, William, 56
Gauche, petite-bourgeoise, 51, 86, 116-117, 135-136, 169. *Voir aussi* Environnementalistes, petits-bourgeois
Gauchisme, 122
Ghana, 33
Gorbatchev, Mikhaïl, 102

Gouvernement des travailleurs et des agriculteurs, 24, 29, 90-91, 136, 137, 138, 220 ; ses tâches, 43, 61-65, 137
Grèce, 99
Grenade, la, 81-82, 90, 138
Guevara, Ernesto Che, 28, 89, 134, 179, 211 ; sur les médecins révolutionnaires, 24, 182, 222

H

Haciendo historia, 26
Hall, Gus, 85
Halstead, Fred, 38
Hansen, Joseph, 90-91, 133
Herrnstein, Richard J., 54
Histoire de la révolution russe, (Trotsky), 89
Histoire du trotskysme américain, L' (Cannon), 117-118, 132
Hollander Home Fashions, 114, 120
Hongrie, 77

I

ILA. *Voir* Association internationale des débardeurs
Immigration, 52-53, 57, 61, 65-66 ; et classe ouvrière U.S., 67, 114, 125
Impérialisme, 25, 138 ; concurrence interimpérialiste, 3, 97, 98, 99, 104-105, 137, 139, 223 ; et monde semi-colonial, 47-50, 109, 166, 221. *Voir aussi* Capitalisme ; Monde semi-colonial
Impérialisme, stade suprême du capitalisme, L' (Lénine), 89
Impérialisme U.S. Attaques contre Cuba, 28, 41, 45, 134, 149, 217 ; et concurrence interimpérialiste, 98-100, 105 ; puissance militaire, 95-97, 101-102
Inde, 37, 57, 97, 229

Internationale communiste, 18, 76, 77-78, 137, 218
Internationalisme, prolétarien, 29-30, 44-45, 62-63 ; bolcheviks et, 12-13, 137 ; caractère central, 3-4, 12, 19-20, 30, 109 ; à Cuba, 29, 212
Irak, 45, 98
Iran, 45, 97, 98
Irlande, 99
Israël, 97
Italie, 77

J

Jamaïque, 33
Japon, 32, 38, 50, 59, 98, 158
Jeunes socialistes, 65, 88, 127, 130
Jim Crow, système dit de, 70, 71
JS. *Voir* Jeunes socialistes
Juifs, 25, 79-80

K

Kerry, John, 97
Khrouchtchev, Nikita, 134, 219
Ku Klux Klan, 70, 109
Kyoto, protocole de, 103

L

Lénine, V. I., 25-26, 85-87, 109, 208, 218 ; sur l'alliance des travailleurs et des agriculteurs, 12-16, 18, 214 ; sur l'électrification, 11-17, 19, 159
Lenin's Final Fight, 83
Leur Trotsky et le nôtre (Barnes), 131
Lewis, John L., 124
Lewontin, Richard, 213
Libéraux, 54 ; sur la « surpopulation », 52, 58, 60
Libre-échange, 44-47, 223
López Cuba, Néstor, 26
Luddistes, 175, 224

Lynchages, 70-71
Lyssenko, Trofim, 22, 219

M

Malaria, 171
Malcolm X, 53, 89, 138
Malthus, Thomas, 52, 58, 59-60
Manifeste du parti communiste (Marx et Engels), 23, 86-87, 89, 128, 157, 183, 208-209
Mao Zedong, 21, 214
Marx, Karl, 27, 44-45, 58-59, 106-107, 166, 199, 230, 234 ; sur l'agriculture, 161-164 ; sur l'environnement, 156-157, 221 ; et luddistes, 174-175, 224 ; sur travail et nature, 6, 106, 153, 208-209
Marxisme, 130, 132-133, 220 ; stalinisme et, 78, 85-88, 135, 233
Métallos, syndicat, 124
Mexique, 57, 65-66, 177 ; exploitation impérialiste, 49-50
Militant, The, 90, 121, 147-149, 214 ; diffusion, 68, 125-126
Mines antipersonnel, 168
Mineurs unis d'Amérique (UMWA), 114, 120, 124, 125
Mississippi, 73
Moindre mal, politique du, 30
Monde semi-colonial, 56-57 ; conditions sociales, 31-34, 37, 58-59, 61, 157-159, 176-177, 229 ; électrification, 3, 31-34, 60, 61, 158, 229 ; exploitation impérialiste, 47-50, 109, 158-159, 221
Moyen-Orient, 35, 37, 47, 53, 98, 177
Murray, Charles, 54

N

Nader, Ralph, 155, 228
Nationalisme, bourgeois, 21, 51-52, 176

Nature. Comme source des valeurs d'usage, 106-107, 209 ; sa transformation par le travail, 17-18, 22, 38, 108, 153-154, 155-156, 182-183, 207-210, 212. *Voir aussi* Agriculture ; Environnement
Népal, 33
Nicaragua, 33 ; révolution, 90, 92, 136
NOFA. *Voir* Association de l'agriculture biologique du Nord-Est
Noirs, 63-64, 69-74, 75
Nouvelle-Zélande, 32, 47, 59, 158

O

OGM. *Voir* Organismes génétiquement modifiés
OMC. *Voir* Organisation mondiale du commerce
Organisation mondiale du commerce (OMC), 169
Organisation du traité de l'Atlantique-Nord (Otan), 103-104
Organismes génétiquement modifiés (OGM), 167-170, 203-205, 222-224, 232-233 ; à Cuba, 224-225 ; et «police des semences», 172-173
Otan. *Voir* Organisation du traité de l'Atlantique-Nord

P

Pakistan, 33, 97
Panama, 34, 48
Parti bolchevique, 25, 109, 138, 218 ; continuité marxiste, 132-133, 137 ; sa perspective internationale, 18-19, 76, 77, 137. *Voir aussi* Travailleurs-bolcheviks
Parti communiste, 4, 16, 30, 87 ; caractère indispensable, 76, 86,

caractère indispensable, 76, 86, 87. *Voir aussi* Parti socialiste des travailleurs (SWP)
Parti communiste des USA (CPUSA), 85-86, 228
Parti socialiste populaire (PSP), 82
Parti socialiste des travailleurs (SWP). Et avant-garde des travailleurs, 67, 84, 93-94, 107-108, 126, 127-129 ; branches et fractions, 121-122, 126, 132 ; sa continuité, 79 ; sur l'énergie nucléaire, 38-44 ; et résistance ouvrière, 67, 68, 126 ; statuts, 62-65, 108. *Voir aussi* Parti communiste
Parti des travailleurs, 118
Pathfinder, éditions, 83-84, 88-89, 92-93, 131-132, 138 ; projet de réimpression, 83
Paysans. *Voir* Agriculteurs
Période spéciale (Cuba), 41, 181 ; et agriculture urbaine, 147, 148, 150, 217 ; ses réalisations, 152, 211-212
Perspectiva Mundial, 90, 121, 126
Playa Girón, 29
Political Affairs, 85
Politique, sa nature, 26-27
Politiques « antimonopolistes », 228, 232
Pol Pot, 21
Population. *Voir* « Surpopulation »
Population Bomb, The (Ehrlich), 60
Populistes, 228
Portugal, 99
Poutine, Vladimir, 101-102, 104
Pragmatisme, 75, 219-220
Prince Charles, 168
Princesse Diana, 168
Protectionnisme, 45-46, 168-169, 223

PSP. *Voir* Parti socialiste populaire

Q
Que faire ? (Lénine), 83, 86, 87, 128-129

R
Reagan, Ronald, 96-97, 102
Reconstruction radicale, 69-70, 71, 72
Rectification, processus de, 213, 217
Réformes, 208
Reich, Robert, 54
Révolution culturelle, 21
Révolution russe, 76, 134, 137 ; et guerre civile, 13, 76, 137
Révolution trahie, La (Trotsky), 89
Rio, accords de, 194
« Rôle du travail dans la transformation du singe en homme, Le » (Engels), 164-165, 182-183
Royaume-Uni, 96, 97, 157, 161
Russie, 37, 57 ; et États-Unis, 97-98, 101-102, 104. *Voir aussi* Union soviétique

S
Salvador, 48
Sankara, Thomas, 89, 90, 138, 165-166
« Science pour le peuple », 199
Sécurité. Et énergie nucléaire, 39, 43 ; lutte des travailleurs pour, 68, 120 ; mépris capitaliste pour, 34-35, 40, 43, 68, 103, 171, 223
Sécurité sociale, 115, 118
Sentier lumineux (Pérou), 21
Shachtman, Max, partisans de, 30
Shiva, Vandana, 228-229, 232
Simon, Julian, 60

Socialisme national, 30-31
Socialisme utopique et socialisme scientifique (Engels), 89
Staline, Joseph, 214, 218
Stalinisme, 77-80 ; et culture, 21 ; désintégration des appareils, 83, 134-135, 149, 211-212, 220 ; son idéologie, 83-84, 218-219 ; machine à tuer, 77-78, 220 ; montée, 77-79, 131, 218, 233 ; obstacle au mouvement communiste, 76, 78-80, 83-84, 88, 133-134, 135-136 ; politiques agricoles, 213-215, 218-219 ; et révolution cubaine, 81-82, 127, 133-135
« Stalinism and Bolshevism » (Trotsky), 132
« Surpopulation », 51-61
Sweeney, John, 116-117, 124
SWP. *Voir* Parti socialiste des travailleurs
Syndicats, 113-126
Système bancaire, 99-100, 174, 175, 228 ; et impérialisme, 48-51
Système bipartite, 126

T

Teamsters, 124-125 ; section locale 544, 118
Technologie. *Voir* Travail, et technologies qui le réduisent
Terroristes à la retraite (Boucault), 79
Théories de la conspiration, 155
Traité sur les missiles antibalistiques (ABM), 101, 102
Travail. Caractère social, 6, 106, 210, 234 ; créateur de la culture, 17, 22-23, 38, 208 ; et nature, 17, 22, 38, 108, 153-154, 156, 182-183, 207-210, 212 ; et technologies qui le réduisent, 174-175, 178-181, 224
Travailleurs-bolcheviks, 66, 127-128, 129, 131, 139
Travailleurs et travailleuses unis de l'alimentation et du commerce (TUAC), 114, 119-120
Trotsky, Léon, 23-24, 30, 77, 78, 130-133
Trotskysme, 130-132
TUAC. *Voir* Travailleurs et travailleuses unis de l'alimentation et du commerce
Turner, Ted, 56

U

UBPC. *Voir* Unités de base de production coopérative
UMWA. *Voir* Mineurs unis d'Amérique
Union européenne, 98-99
Union soviétique, 13-15, 18, 78, 81, 133, 137, 199-200, 218-220 ; aide à Cuba, 41, 133-134, 216 ; collectivisation forcée, 214-215, 219 ; effondrement, 41, 134, 135, 149, 211 ; électrification, 11-17 ; stalinisme et, 21, 77-79, 134-135, 219-220. *Voir aussi* Révolution russe
UNITE, 120, 125
Unités de base de production coopérative (UBPC), 150

V

Viêt-nam, 80 ; guerre U.S. contre, 72, 84 ; mouvement contre la guerre du, 72
Visage changeant de la politique aux États-Unis, Le (Barnes), 89

W

Webb, Sam, 85-86
What Working People Should Know about the Dangers of Nuclear

Power (Halstead), 38-40
World Outlook, 90

Y

Yougoslavie, 80-81

Z

Zléa. *Voir* Zone de libre-échange des Amériques
Zone de libre-échange des Amériques (zléa), 50-51

Nouvelle Internationale
UNE REVUE DE POLITIQUE ET DE THÉORIE MARXISTES

NOUVELLE INTERNATIONALE N° 7
Le long hiver chaud du capitalisme a commencé
JACK BARNES

Dans cet article publié alors que s'accumulaient les nuages de ce qui deviendra la crise financière de 2008, Jack Barnes explique que la crise capitaliste d'aujourd'hui est le début de ce qui sera des décennies de convulsions économiques, financières et sociales et de batailles de classe. Les travailleurs qui ont une conscience de classe, dit-il, affrontent avec confiance ce tournant historique de l'impérialisme et tirent satisfaction à projeter avec audace un cours révolutionnaire pour prendre le pouvoir. 14 $ US. Aussi en anglais, espagnol, farsi, arabe et grec.

NOUVELLE INTERNATIONALE N° 5
La marche de l'impérialisme vers le fascisme et la guerre
JACK BARNES

« Il y aura de nouveaux Hitler et de nouveaux Mussolini. C'est inévitable. Ce qui n'est pas inévitable, c'est leur victoire. L'avant-garde ouvrière organisera notre classe pour riposter aux conséquences dévastatrices qu'il nous faut payer pour la crise du capitalisme. L'avenir de l'humanité va se décider dans la lutte entre ces forces de classe ennemies. » 14 $ US. Aussi en anglais et en espagnol. *La marche de l'impérialisme vers le fascisme et la guerre* est disponible en farsi et en grec.

NOUVELLE INTERNATIONALE N° 2
La révolution à venir en Afrique du Sud
JACK BARNES
14 $ US. Aussi en anglais et en espagnol.

NOUVELLE INTERNATIONALE N° 3
Le deuxième assassinat de Maurice Bishop

STEVE CLARK

Cet article décrit les réalisations de la révolution qui a eu lieu de 1979 à 1983 dans l'île antillaise de la Grenade. Il explique les racines du coup d'État de 1983 qui a conduit à l'assassinat du dirigeant révolutionnaire Maurice Bishop et à la destruction du gouvernement des travailleurs et des agriculteurs par une faction politique stalinienne à l'intérieur du New Jewel Movement, le parti au pouvoir. 14 $ US. Aussi en anglais et en espagnol.

NOUVELLE INTERNATIONALE N° 6
L'impérialisme U.S. a perdu la guerre froide

JACK BARNES

L'effondrement il y a un quart de siècle des régimes qui prétendaient être communistes en Europe de l'Est et en URSS n'a pas voulu dire que les travailleurs et les agriculteurs de ces pays y avaient été écrasés. Dans les conflits et les guerres intercapitalistes qui s'aiguisent aujourd'hui, ces travailleurs deviennent un obstacle insurmontable au progrès du capitalisme et acquièrent dans la lutte une expérience de direction. 14 $ US. Aussi en anglais, espagnol, farsi et grec.

NOUVELLE INTERNATIONALE N° 4
Les premières salves de la troisième guerre mondiale
La guerre contre l'Irak

JACK BARNES

L'attaque meurtrière contre l'Irak en 1990-1991 a annoncé des conflits de plus en plus aigus entre les puissances impérialistes, une instabilité croissante du capitalisme international et plus de guerres.

Contient aussi : « La troisième poussée militariste de Washington » *de Mary-Alice Waters* ; « Les leçons de la guerre Iran-Irak » *de Samad Sharif* et « Cuba dénonce la guerre de Washington à l'ONU. » 14 $ US. Aussi en anglais et en espagnol. *Les premières salves de la troisième guerre mondiale* est disponible en farsi.

WWW.PATHFINDERPRESS.COM

LA RÉVOLUTION CUBAINE ET LA POLITIQUE MONDIALE

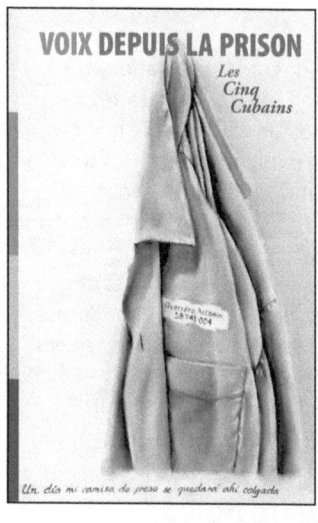

Voix depuis la prison
Les Cinq Cubains

L'intégrité, la force et l'humanité révolutionnaires des Cinq ressortent des voix entendues ici, et avant tout le respect qu'ils ont gagné auprès des autres prisonniers. Ce livre illustre pourquoi la même chose se produit parmi tous les travailleurs qui ont subi dans leur propre vie les effets de la « justice » capitaliste. 7 $ US. Aussi en anglais, espagnol, farsi et arabe.

En défense du socialisme
Quatre discours prononcés en 1989 lors du trentième anniversaire de la révolution cubaine
FIDEL CASTRO

Fidel Castro explique que les progrès économiques et sociaux sont possibles sans la concurrence dévastatrice du capitalisme et que le socialisme reste la seule voie en avant pour l'humanité. 12 $ US. En anglais et en grec.

Che Guevara parle aux jeunes
« Tous les membres du gouvernement cubain — jeunes en âge, jeunes en caractère et jeunes dans leurs illusions — ont néanmoins mûri à l'université extraordinaire de l'expérience, aux contacts vivants des besoins et des aspirations du peuple. » — Ernesto Che Guevara, le 26 juillet 1960. 12 $ US. En anglais, espagnol et grec.

Aldabonazo

Au sein de la clandestinité révolutionnaire cubaine, 1952-1958

ARMANDO HART

Dans ce récit de première main d'un dirigeant historique de la révolution cubaine, nous rencontrons les hommes et les femmes qui ont dirigé dans les années 50 le mouvement clandestin urbain de la lutte contre la tyrannie brutale soutenue par les États-Unis. Avec leurs compagnons d'armes de l'Armée rebelle, ceux-ci ont fait plus que renverser la dictature. Par leurs actions et leur exemple révolutionnaires, ils ont changé l'histoire du vingtième siècle à travers le monde — et celle du vingt-et-unième. 20 $ US. En anglais et en espagnol.

Dire la vérité

Pourquoi Washington continue sa « guerre froide » contre Cuba

FIDEL CASTRO ET CHE GUEVARA

Dans ces discours historiques présentés aux Nations unies, Che Guevara et Fidel Castro expliquent aux travailleurs du monde entier pourquoi le gouvernement U.S. déteste autant l'exemple de la révolution socialiste à Cuba et pourquoi ses efforts pour la détruire vont échouer. 15 $ US. En anglais.

Cuba et Angola : la guerre pour la liberté

HARRY VILLEGAS (« POMBO »)

L'histoire de la contribution exceptionnelle de Cuba à la lutte pour libérer l'Afrique du fléau de l'apartheid. Et comment, en le faisant, la révolution socialiste s'est renforcée à Cuba. 10 $ US. En anglais et en espagnol.

WWW.PATHFINDERPRESS.COM

LIBÉRATION DES FEMMES ET SOCIALISME

Les femmes à Cuba : La réalisation d'une révolution au sein de la révolution
VILMA ESPÍN,
ASELA DE LOS SANTOS,
YOLANDA FERRER

La révolution sociale qui a renversé en 1959 la dictature sanglante de Fulgencio Batista a commencé dans les rues de villes comme Santiago de Cuba et dans les zones montagneuses libérées par l'Armée rebelle dans l'est de Cuba. L'intégration sans précédent des femmes dans les rangs et la direction de cette lutte est une mesure de son cours révolutionnaire jusqu'à aujourd'hui. Voici les témoignages de première main de femmes qui ont contribué à sa réalisation. 17 $ US. En anglais, espagnol et grec.

Les cosmétiques, la mode et l'exploitation des femmes
JOSEPH HANSEN, EVELYN REED,
MARY-ALICE WATERS

Comment le grand capital joue sur le statut de deuxième classe et l'insécurité sociale des femmes pour vendre des cosmétiques et empocher des profits. L'introduction de Mary-Alice Waters explique comment l'entrée de millions de femmes dans la main-d'oeuvre, durant et après la deuxième guerre mondiale, a transformé la société de manière irréversible. 12 $ US. En anglais, espagnol et farsi.

Problèmes de la libération des femmes
EVELYN REED

Explore les racines sociales et économiques de l'oppression des femmes, de la société préhistorique au capitalisme moderne, et montre la voie vers leur émancipation. 12 $ US. En anglais, farsi et grec.

L'émancipation des femmes et la lutte de libération de l'Afrique
THOMAS SANKARA

« Les femmes et les hommes de notre société sont tous victimes de l'oppression et de la domination impérialistes. C'est pourquoi ils mènent le même combat. La révolution et la libération de la femme vont de pair. Et ce n'est pas un acte de charité ou un élan d'humanisme que de parler de l'émancipation de la femme. C'est une nécessité fondamentale pour le triomphe de la révolution. » 5 $ US. Aussi en anglais, espagnol et farsi.

Les Marianas au combat
Teté Puebla et le platon féminin Mariana Grajales dans la guerre révolutionnaire de Cuba, 1956-1958
TETÉ PUEBLA

La femme ayant le rang le plus élevé dans l'armée révolutionnaire de Cuba, la brigadière-générale Teté Puebla s'est jointe en 1956 à la lutte pour renverser la dictature soutenue par les États-Unis de Fulgencio Batista, quand elle avait 15 ans. Ce livre raconte son histoire, de l'activité clandestine dans les villes à la direction comme officière de la première unité entièrement féminine de l'armée rebelle victorieuse — le platon féminin Mariana Grajales. Pendant près de 50 ans, la lutte pour transformer le statut social et économique des femmes à Cuba a été inséparablement liée à la révolution socialiste dans ce pays. 10 $ US. En anglais, espagnol et farsi.

La révolution socialiste et la lutte de libération des femmes
Résolution du Parti socialiste des travailleurs (SWP)

Ce document explique la place centrale et le poids de la lutte de libération des femmes dans la ligne de marche de la classe ouvrière vers le socialisme. Le produit d'une discussion et d'un débat international, cette résolution incorpore les expériences de lutte de plusieurs pays. 7 $ US

WWW.PATHFINDERPRESS.COM

ÉLARGISSEZ VOTRE BIBLIOTHÈQUE RÉVOLUTIONNAIRE

La classe ouvrière et la transformation de l'éducation
L'imposture de la réforme de l'école sous le capitalisme
JACK BARNES

« Jusqu'à ce que la société soit réorganisée de façon à ce que l'éducation soit une activité humaine de notre prime jeunesse à notre mort, il n'y aura pas d'éducation digne de l'humanité travailleuse et créatrice. » 3 $ US. Aussi en anglais, espagnol, farsi et grec.

L'avortement est un droit des femmes !
PAT GROGAN, EVELYN REED

Pourquoi le droit à l'avortement est non seulement central dans la lutte pour la pleine émancipation des femmes mais également pour forger un mouvement syndical uni et combatif. 5 $ US. En anglais et en espagnol.

La vision à long terme de l'histoire
GEORGE NOVACK

Le changement révolutionnaire est fondamental pour le progrès social et culturel. Cette brochure explique pourquoi et comment la lutte des travailleurs pour mettre fin à l'oppression et à l'exploitation est une perspective réaliste. 5 $ US. En anglais et en farsi.

Thomas Sankara parle
La révolution au Burkina Faso, 1983-1987

Sous la direction de Thomas Sankara, le gouvernement révolutionnaire du Burkina Faso en Afrique de l'Ouest a mobilisé les paysans, les travailleurs, les femmes et les jeunes pour alphabétiser la population ; creuser des puits, planter des arbres, construire des maisons ; combattre l'oppression des femmes ; effectuer une réforme agraire ; se joindre à d'autres, en Afrique et dans le monde, pour se libérer du joug impérialiste. 20 $ US. Aussi en anglais.

Porto Rico : l'indépendance est une nécessité
RAFAEL CANCEL MIRANDA

L'un des cinq nationalistes portoricains emprisonnés par Washington pendant plus de 25 ans parle de la réalité brutale de la domination coloniale américaine, de la campagne pour libérer les prisonniers politiques portoricains, de l'exemple de la révolution socialiste à Cuba et de la lutte continue pour l'indépendance. 5 $ US. En anglais, espagnol et farsi.

La grève de 1985-1986 des travailleurs de l'abattoir Hormel, à Austin au Minnesota
FRED HALSTEAD

La dure grève menée contre la compagnie Hormel a initié une série de batailles des travailleurs des usines de transformation de la viande qui — de concert avec des grèves des travailleurs des pâtes et papier, de la conserverie et des mines de charbon dans l'Ouest des États-Unis — ont marqué une rupture dans la déroute des syndicats US amorcée pendant la récession de 1981-1982. 5 $ US. En anglais et en espagnol.

WWW.PATHFINDERPRESS.COM

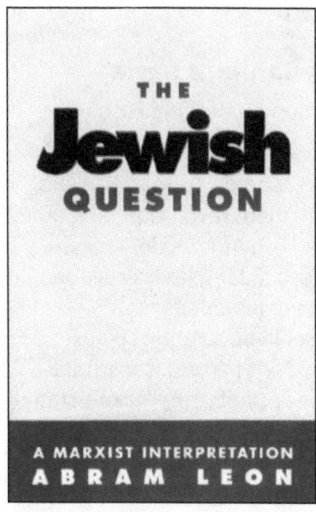

La conception matérialiste de la question juive
Une interprétation marxiste
ABRAHAM LÉON

Ce livre fait remonter les justifications historiques de l'antisémitisme au fait que les Juifs — au cours des siècles qui ont précédé la domination du capitalisme industriel — ont émergé comme un « peuple-classe » de marchands et de prêteurs sur gages. Abraham Léon explique pourquoi les possédants au pouvoir attisent à nouveau la haine des Juifs à l'époque du déclin du capitalisme. 15 $ US. En anglais et en grec.

Maurice Bishop parle
La révolution de Grenade et son renversement, 1979-1983

La victoire de la révolution de 1979 dans l'île antillaise de Grenade était d'une « importance pour toutes les luttes à travers le monde », a déclaré Maurice Bishop, son dirigeant central. Les leçons inestimables issues de ce gouvernement des travailleurs et des agriculteurs, renversé dans un coup d'État dirigé par des staliniens en 1983. 20 $ US. En anglais.

L'Europe et l'Amérique
Deux discours sur l'impérialisme
LÉON TROTSKY

Dans deux discours faits au milieu des années 20, le dirigeant bolchevique russe Léon Trotsky explique pourquoi l'émergence des États-Unis comme puissance économique et financière dominante est devenue le facteur décisif de la politique mondiale après la première guerre mondiale. Il décrit les conflits croissants entre Washington et ses rivaux européens et dégage les perspectives révolutionnaires pour les travailleurs du monde. 10 $ US. En anglais.

Quel chemin, nous esclaves, avons-nous parcouru !
L'Afrique du Sud et Cuba dans le monde d'aujourd'hui
NELSON MANDELA, FIDEL CASTRO

Sur la même tribune à Cuba en 1991, Mandela et Castro discutent de l'importance pour l'Afrique de la victoire de Cuba et de l'Angola en 1988 contre l'invasion de l'armée d'Afrique du Sud appuyée par les États-Unis et l'accélération de la lutte pour renverser le système raciste d'apartheid qui en a résulté. 7 $ US. En anglais, espagnol et farsi.

50 années d'opérations secrètes aux USA
La police politique de Washington et la classe ouvrière américaine
LARRY SEIGLE, FARRELL DOBBS, STEVE CLARK

Retrace la lutte menée pendant plusieurs décennies par les travailleurs ayant une conscience de classe contre les efforts d'accroître les pouvoirs présidentiels et de construire un État de « sécurité nationale » essentiel au maintien du régime capitaliste. 10 $ US. En anglais, espagnol et farsi.

Par tous les moyens nécessaires
MALCOLM X

« Les impérialistes savent que la seule façon de vous pousser volontairement vers le renard, c'est en vous montrant un loup. » Dans ce recueil de 11 discours et entrevues, Malcolm X présente une alternative révolutionnaire à ce piège réformiste et discute des alliances politiques, des droits des femmes, de l'intervention U.S. au Congo et au Viêt-nam, du capitalisme et du socialisme, et d'autres sujets. 15 $ US. En anglais.

WWW.PATHFINDERPRESS.COM

The Militant

Un journal socialiste publié dans les intérêts du peuple travailleur

- Il couvre les luttes ouvrières pour l'emploi, la sécurité au travail et pour syndiquer les non-syndiqués à travers le monde.

- Il publie des reportages sur les luttes contre la brutalité policière et les coups montés, contre les attaques qui visent le droit des femmes de choisir l'avortement, et en appui à l'amnistie pour les travailleurs nés à l'étranger.

- Il explique les racines de la crise mondiale du système capitaliste et des interventions et guerres impérialistes sans fin au Moyen-Orient et ailleurs dans le monde.

- Il défend la révolution socialiste à Cuba et soutient la lutte pour mettre fin à l'embargo économique de Washington contre Cuba et à l'occupation US de Guantánamo. Il défend la lutte contre la domination coloniale de Porto Rico par les États-Unis.

- Il publie chaque semaine des comptes rendus de la campagne menée par les membres du Parti socialiste des travailleurs aux portes des travailleurs pour expliquer comment la classe ouvrière peut arracher le pouvoir politique des mains de la classe dirigeante capitaliste.

The Militant • 306 West 37e rue, 13e étage • New York, NY 10018

Abonnez-vous aujourd'hui !

Nouveaux lecteurs : 5 $ US pour 12 semaines
6 mois : 20 $ 1 an 35 $ 2 ans 65 $

WWW.THEMILITANT.COM

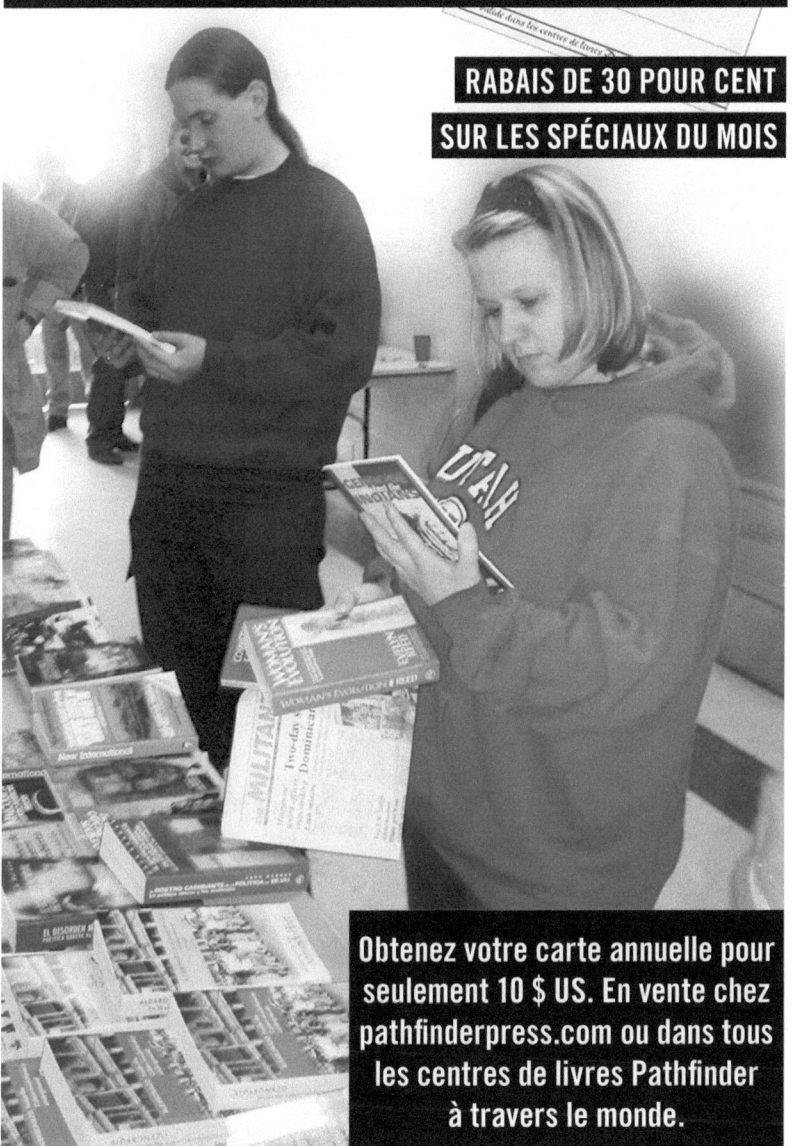

NOUVELLE INTERNATIONALE AUTOUR DU MONDE

Nouvelle Internationale est aussi publiée en anglais sous le titre *New International* et en espagnol sous celui de *Nueva Internacional*. Toutes ces revues sont diffusées à travers le monde par les éditions Pathfinder.

En vente en ligne à
www.pathfinderpress.com
et aux endroits suivants :

États-Unis
(et Amérique latine, Antilles et Asie de l'Est)
Pathfinder Books, 306 W. 37th St., 13ᵉ étage
New York, NY 10018

Canada
Pathfinder Books, 7107, rue St-Denis, suite 204
Montréal, QC H2S 2S5

Royaume-Uni
(et Europe, Afrique, Moyen-Orient et Asie du Sud)
Pathfinder Books, 5 Norman Rd.
Seven Sisters, Londres N15 4ND

Australie
(et Asie du Sud-Est et Pacifique)
Pathfinder Books, Suite 22, 10 Bridge St.
Granville, Sydney, NSW 2142

Nouvelle-Zélande
Pathfinder Books, 188a Onehunga Mall Rd.
Onehunga, Auckland 1061
Adresse postale : P.O. Box 13857, Auckland 1643